Das neue Buch der Vornamen

Zum Buch
In diesem Buch finden Eltern fachkundige Erläuterungen zu über 3 200 männlichen und weiblichen Vornamen. Sortiert sind sie im Hauptteil nach ihrem sprachlichen Ursprung: Wer also einen Namen beispielsweise germanischer oder französischer Herkunft wählen möchte, findet im jeweiligen Kapitel eine entsprechende Liste. Das Buch hilft aber auch jenen, die bereits konkrete Namen im Auge haben: Sie finden über das alphabetische Register am Ende schnell die jeweiligen Seitenverweise und können so der Herkunft und Bedeutung ihres Lieblingsnamens nachspüren.

Zur Autorin
Brigitte Otto ist Lehrerin und beschäftigt sich seit vielen Jahren mit der Bedeutung von Vornamen.

Brigitte Otto

Das neue Buch der Vornamen

Herkunft und Bedeutung

Econ & List Taschenbuch

Veröffentlicht im Econ & List Taschenbuch Verlag
Der Econ & List Taschenbuch Verlag
ist ein Unternehmen der Econ & List Verlagsgesellschaft
Originalausgabe

12. erweiterte und vollständig überarbeitete Neuauflage 1998
Umschlagkonzept: Büro Meyer & Schmidt, München – Jorge Schmidt
Titelkonzept und Umschlaggestaltung: Petra Soeltzer, Düsseldorf
Titelabbildung: JPL/Bavaria
Gesetzt aus der Caslon, Linotype
Satz: Josefine Urban – KompetenzCenter, Düsseldorf
Druck und Bindearbeiten: Ebner Ulm
Printed in Germany
ISBN 3-612-20605-2

Inhaltsverzeichnis

Vorwort

Wer die Wahl hat, hat die Qual! Vor diesem Problem stehen wohl alle werdenden Eltern, denn die Fülle der Vornamen für Jungen und Mädchen macht es sicher nicht leicht, die Entscheidung für diesen oder jenen Namen zu treffen, den das Kind dann ein Leben lang trägt.

Soll man der Familientradition treu bleiben und den Vornamen wählen, den bereits Großvater bzw. Großmutter trugen? Oder soll es nicht eher etwas ganz Besonderes sein – ein schöner französischer oder ein alter nordischer Name? Wie hieß doch gleich diese schillernde Romanfigur? In vielen Fällen gibt es Vorbilder, die die Eltern bei der Wahl des Vornamens beeinflussen: Film- und Schlagerstars, Lieblingstanten oder -onkel bis hin zu Namen aus dem Alten oder Neuen Testament.

In diesem Buch finden Eltern über 3200 Vornamen mit der jeweiligen Erklärung über Herkunft und Bedeutung. Darüber hinaus bietet das Buch eine Zusammenstellung seltener Namen verschiedenster Herkunft, eine Auflistung von kurzen Namen, Doppelnamen sowie Nebenformen.

Wer sich bereits für einen Namen entschieden hat und dessen Bedeutung wissen möchte, findet im Register alle Vornamen in alphabetischer Reihenfolge nach Mädchen- und Jungennamen aufgeführt. Dort sind nicht nur die Stellen im Buch aufgeführt, wo Namen ausführlich erläutert werden, sondern hier stehen auch Veweise auf die Kurz-, Neben- und Koseformen von Namen sowie weitere Varianten, die unter dem Hauptnamen aufgelistet sind.

Es gibt also zwei Möglichkeiten, dieses Buch zu nutzen: Wer einen Namen beispielsweise althochdeutscher und germanischer Herkunft wählen möchte, findet über das Inhaltsverzeichnis schnell das entsprechende Kapitel und kann aus der dortigen Liste wählen. Wer sich hingegen bereits für einen bestimmten Vornamen entschieden hat und dessen Bedeutung wissen möchte, findet im ausführlichen Register die Seite, auf der der Name beschrieben und erklärt wird.

Namen hebräischen Ursprungs

Weibliche

Abelina, Abeline
hebräisch: der Hauch, die Vergänglichkeit.

Abigail
hebräisch: die Vaterfreude.

Anna
hebräisch: die Begnadete.

Daniela
hebräisch: weibliche Form zu Daniel; *Nebenform:* Danela.

Deborah
hebräisch: die Biene, d. h. die Fleißige; *Nebenform:* Debra.

Delila(h)
hebräisch: die mit herabwallendem Haar; *Nebenform:* Dalila.

Dina
hebräisch: die Richterin.

Elisabeth
hebräisch: Gott ist Vollkommenheit; *Kurzformen:* Elisa, Elise, Elsabe, Else, Elsbe, Elsbeth, Liesbeth, Lieschen, Liese, Liesel, Lilli, Lisbeth, Sissy.

Emanuela
hebräisch: weibliche Ableitung von Immanuel.

Esther
hebräisch: der Stern.

Eva
hebräisch: das Leben.

Gabriela, Gabriele
hebräisch: weibliche Form von Gabriel.

Gila
hebräisch: die Freude, das Frohlocken.

Golda
hebräisch (jiddisch): die Goldene.

Hannah
hebräisch: die Anmut.

Jakoba
hebräische weibliche Form zu Jakob (Jakobine).

Jessika
hebräisch: Gott schaut zu; englisch: Jessica.

Jezabel
hebräische Form zu Isabell.

Johanna
hebräische weibliche Form zu Johannes; *Kurzformen:* Hanja, Hanna, Hanne; *Koseformen:* Hansi, Jenni, Jenny.

Josefa, Josepha
hebräische weibliche Form zu Joseph; *Koseform:* Steffi.

Josefine, Josephine
weibliche Bildung zum Namen Joseph; *Kurzform:* Fiene; *Koseform:* Finetta; *Nebenform:* Josette, Josiane, Josina.

Judith
hebräisch: Frau von Jehud; *Kurz- und Nebenformen:* Jutta, Jutte, Jytte.

Lilith
hebräisch: die Nächtliche.

Magdalena, Magdalene
hebräisch: Kürzung aus Maria Magdalena, Maria aus dem Ort Magdala am See Genezareth; *Kurzformen:* Alena, Magda.

Manuela
weibliche Kurzform von Emanuel (Immanuel).

Mara
hebräisch: bitter.

Margarethe
hebräisch: die Perle; *Kurzform:* Grethe.

Mariam
alte hebräische Form von Maria.

Martha, Marthe
hebräisch: die Herrin.

Michaela
hebräische weibliche Form zu Michael.

Miriam, Mirjam
hebräisch; Bedeutung ist ungeklärt.

Naemi
hebräisch: die Schöne, die Liebliche; *Nebenformen:* Naomi, Noeme, Noemi.

Rachel, Rahel
hebräisch: das Mutterschaf.

Raphaela
hebräische weibliche Form zu Raphael.

Rebecca, Rebekka
hebräisch; Bedeutung ist ungeklärt.

Ruth
hebräisch: die Freundschaft.

Salome
hebräisch: die Friedliche.

Samantha
hebräisch: die Zuhörende.

Samira
hebräisch: der Gesang.

Saphira
hebräisch: die Schöne, Edelstein.

Sara, Sarah
hebräisch: die Herrin, Fürstin; *amerikanische Kurzform:* Sadie.

Seraphine
hebräische weibliche Form zu Seraphin.

Simone
hebräisch: die Erhörung.

Sulamith
hebräisch: die Friedliche.

Susanne
hebräisch: die Lilie; *Kurzform:* Sanna.

Tabitha
hebräisch: die Gazelle.

Talitha
hebräisch: das Mädchen.

Männliche

Aaron, Aron
hebräisch: der Erleuchtete.

Abel
hebräisch: Hauch, Vergänglichkeit; *Weiterbildung:* Abelin.

Abraham
hebräisch: der Vater der Menge, erhabener Vater.

Absalom
hebräisch: der Vater des Friedens.

Adam
hebräisch: der Mensch.

Ahasver
hebräisch; Bedeutung ist nicht geklärt.

Ammon
hebräisch; Bedeutung ist nicht geklärt.

Amos
hebräisch: der (von Gott) Getragene.

Balthasar
babylonisch (hebräisch): Gott schützt sein Leben.

Barnabas
hebräisch: Sohn des Trostes.

Baruch
hebräisch: der Gesegnete.

Ben
hebräisch: Sohn.

Benjamin
hebräisch: Sohn der rechten Hand, Glückskind.

Daniel
hebräisch: Gott ist mein Richter.

David
hebräisch: Geliebter, Liebling.

Elias
hebräisch: Gott ist Jahwe.

Ephraim
hebräisch: das Fruchtland.

Esra, Ezra
hebräisch: Gott ist Hilfe.

Ezechiel
hebräisch: stark ist Gott.

Gabriel
hebräisch: Mann Gottes.

Gersom, Gerson
hebräisch: Fremdling.

Gideon
hebräisch: der mit zertrümmernder Hand.

Hiob
hebräisch: Wo ist der (Gott-) Vater?; *Nebenform:* Job.

Hosea
hebräisch: befreit durch Gott.

Immanuel
hebräisch: Gott mit uns; *Nebenform:* Emanuel; *Kurzform:* Manuel, Mendel.

Iram
hebräisch: wachsam.

Isaak
hebräisch: Gott ist heiter.

Ismael
hebräisch: Gott hört.

Israel
hebräisch: Gott kämpft.

Jacob, Jakob
hebräisch: Gott schützt.

Jephtha, Jefta
hebräisch: Gott möge öffnen.

Jeremias
hebräisch: Gott erhöht.

Joachim
hebräisch: den Gott aufrichtet; *Kurzformen:* Achim, Jochem, Jochen.

Joel
hebräisch: Jahwe ist Gott.

Johannes
hebräisch: Gott ist gnädig; *Kurzformen:* Hanke, Hanko, Hannes, Hanno, Hennes, Hennig, Henno, Johann; *Nebenformen:* Yanneck, Yanik, Yannick.

Jokim
hebräische Form von Joachim.

Jonas
hebräisch: die Taube.

Jonathan
hebräisch: Gott hat gegeben; *Kurzform:* Nathan.

Jordan
hebräisch: das Herabfließende.

Josef, Joseph
hebräisch: Gott möge vermehren.

Joshua, Josua
hebräisch: Jahwe ist Rettung.

Josias
hebräisch: der Herr heilt.

Judas
hebräisch: der berühmt ist.

Lazar, Lazarus
hebräisch: Gott hilft.

Levi
hebräisch: der Begleiter.

Matthias
hebräisch: Geschenk Gottes; *Nebenformen:* Mathis, Matthäus; *Kurzform:* This.

Melchior
hebräisch: König des Lichts; *Nebenform:* Melcher.

Michael
hebräisch: wer ist wie Gott?; *Kurzformen:* Michal, Michel.

Nabor
hebräisch: Prophet des Lichts.

Nahum
hebräisch: der Tröster.

Nathanel
hebräisch: Gott hat gegeben; *Nebenform:* Nathan.

Nehemia
hebräisch: getröstet hat Gott.

Noah
hebräisch: ruhen.

Raphael
hebräisch: Gott heilt; *Nebenformen:* Rafael, Raffael.

Ruben
hebräisch: schaut ein Sohn; *Nebenformen:* Rouven, Ruwen.

Salomon
hebräisch: der Friedfertige, der Friedliche.

Samson
hebräisch: die kleine Sonne; *Nebenform:* Simson.

Samuel
hebräisch: von Gott erhört.

Saul
hebräisch: der Geforderte.

Seraphin, Seraphinus
hebräisch: himmlisches Wesen.

Simeon, Simon
hebräisch: Gott hat gehört.

Thomas
hebräisch: der Zwilling.

Tobias
hebräisch: Gott ist gütig.

Urias
hebräisch: Gott ist das Licht.

Uriel
hebräisch: mein Licht ist Gott.

Zacharias
hebräisch: Gott denkt an mich.

Zadok
hebräisch: der Gerechte.

Namen griechischer Herkunft

Weibliche

Achillina
weibliche Form zu Achill.

Adonia
weibliche Form zu Adonis.

Agatha, Agathe
griechisch: die Gute.

Aglaia, Aglaja
griechisch: der Glanz, die Pracht.

Agnes
griechisch: rein, keusch.

Aida
altgriechischer Frauenname; Gestalt in Verdis Oper »Aida«.

Alexandra
griechische weibliche Form zu Alexander.

Amarante
griechisch: die Unverwelkbare.

Ambrosia
weibliche Form zu Ambrosius.

Anastasia
griechisch: die Auferstandene; *Koseform:* Stasi.

Andrea
griechische weibliche Form zu Andreas.

Angela
griechisch: der Engel.

Angelia
andere Form von Angela.

Angelika
griechisch: die Engelhafte.

Apollonia
griechisch: dem Gott Apoll geweiht.

Ariadne
Gestalt der griechischen Mythologie, Tochter des Königs Minos.

Arista
griechisch: die Beste, die Vornehmste.

Arsene
weibliche Form zu Arsen.

Aspasia
griechisch: die Erwünschte.

Athanasia
griechisch: die Unsterbliche.

Baptista
weibliche Form zu Baptist.

Barbara
griechisch: die Fremde; *Kurzform:* Bärbel.

Berenike
griechisch: den Sieg bringend.

Charis
griechisch: die Anmut, Huld, der Liebreiz.

Chloe
griechisch: das junge Grün, der junge Baum.

Chrysantha
griechische weibliche Form zu Chrysanthus.

Clio, Klio
griechisch: die Rühmerin.

Cosima, Kosima
griechisch: die Ordnungsliebende, Sittsame.

Cynthia
griechisch: die vom Berge Kynthos auf der Insel Delos Stammende.

Damaris
griechisch: die Gattin, Ehefrau.

Daphne
griechisch: der Lorbeer.

Delia
griechisch: das Mädchen von der Insel Delos.

Dido
griechisch (phönizisch): die Mondgöttin.

Daria
griechisch: die Mächtige, weibliche Form zu Darius.

Dorothea, Dorothee
griechisch: das Gottesgeschenk; *Kurzformen:* Doriet, Doris, Dorit, Dörte, Dorte, Dortel, Dorthe, Dortje, Dory, Orthea, Orthia.

Eugenie
griechische weibliche Form zu Eugen; *Nebenform:* Eugenia; *Kurzform:* Genia.

Elektra
griechisch: die Strahlende.

Eulalia, Eulalie
griechisch: wohlredend, beredt.

Euphemia
griechisch: gute Vorbedeutung, Verheißung von Glück.

Eusebia
griechische weibliche Form zu Eusebius.

Helene, Helena
griechisch: die Glänzende, Strahlende; *Kurzform:* Hella; *Nebenform:* Heliane.

Hera
griechisch: die Beschützerin.

Iolanthe, Jolanthe
griechisch: das Veilchen; *Nebenformen:* Jolanda, Yolanda, Yolanthe.

Iphigenie
vorgriechische Göttin (Sagengestalt).

Irene
griechisch: der Frieden.

Iris
griechisch; Name der Götterbotin.

Isidora
griechische Anlehnung an die Göttin Isis; *Nebenform:* Isadora.

Jacintha, Jacinthe
griechisch: die Hyazinthe.

Kassandra
griechisch: die Frau, die Männer fängt; trojanische Sagengestalt.

Katharina, Katharine
griechisch: die Reine; *Nebenformen:* Kathrin, Katrin; *Kurzform:* Käthe.

Kleopatra
griechisch: Ruhm von Seiten des Vaters; ägyptische Königin.

Kleopha
weibliche Form zu Kleophas.

Klorinde
griechisch: junger, grüner Keim.

Kora
griechisch: Jungfrau, Mädchen; *Weiterbildungen:* Corinna, Korinna.

Leandra
griechisch: Frau aus dem Volke.

Lydia
griechisch: die aus Lydien (Kleinasien) Stammende.

Maria
aramäisch: Mirijam; Bedeutung ist unklar; *Kurz- und Koseformen:* Maika, Maike, Marei, Mareike, Marie, Mariechen, Marieke, Meike, Mieke, Mieze, Mitzi, Mizzi.

Medea
griechisch: die Klugheit, die Verschlagenheit.

Melanie
griechisch: die Schwarze, Dunkelfarbige.

Melina, Meline
griechisch: aus Eschenholz.

Melissa, Melitta
griechisch: die Biene.

Minerva
griechisch: die Kluge; Tochter des Jupiter und Göttin der Weisheit.

Moira
griechisch: das Glück, das Schicksal.

Nike
griechisch: Siegesgöttin.

Olympia
griechisch: die vom Berg Olymp Stammende.

Ophelia
griechisch: Hilfe, Beistand.

Pamina
griechisch: unendliche Vollmondnacht; Figur aus Mozarts Oper »Die Zauberflöte«.

Pelagia
griechisch: weibliche Form zu Pelagius.

Penelope
griechisch: Gemahlin des Odysseus.

Petra
griechisch: die Felsenfeste; *Weiterbildung:* Petrina.

Philine
griechisch: die Geliebte, Freundin.

Philippa
griechisch: Pferdefreundin; *Weiterbildung:* Phillipine; *Koseformen:* Pippa, Pippi.

Philomela, Philomele
griechisch: die Nachtigall.

Philomena
griechisch: die Geliebte.

Phöbe
griechisch: die Glänzende, die Leuchtende.

Phyllis
griechisch: das Blatt, Laub.

Sebastiane
weibliche Form zu Sebastian.

Sophia, Sophie
griechisch: die Weisheit; *Kurzform:* Fieke.

Stefanie, Stephanie
griechisch: Krone, Kranz; *Kurzformen:* Fanni, Steffi. *Nebenform:* Stephana.

Tamina
weibliche Form zu Tamino.

Theodora, Theodore
griechisch: Geschenk Gottes; *Kurzformen:* Thea, Theoda.

Theodosia
griechisch: Gabe Gottes.

Theophora
griechisch: Gottesträgerin.

Therese, Theresia
griechisch: die Bewohnerin von Thera.

Veronika
griechisch: die Siegbringerin; *Kurzformen:* Verona, Vreana, Vroni.

Xenia
griechisch: die Gastfreundliche.

Zelia
weibliche Form zu Zelos.

Zenobia
weibliche Form zu Zenobius; Name der berühmten Königin von Palmyr.

Zoe
griechisch: das Leben.

Männliche

Achas, Achaz
griechisch: der Unschuldige.

Achill, Achilles
griechisch, Bedeutung ist ungeklärt.

Ägidius
griechisch: der Schildhalter.

Alexander
griechisch: wehre ab, schützender Mann; Hilfe, Abwehr; *Kurzformen:* Sander, Xander.

Alexis, Alexius
griechisch: Hilfe, Abwehr.

Ambrosius
griechisch: unsterblich, göttlich; *Kurzform:* Ambros.

Anastasius
griechisch: der Auferstandene.

Anatol
griechisch: der aus dem Morgenland Stammende.

Andreas
griechisch: der Mannhafte, Tapfere; *Kurzformen:* Anders, Andres, Drewes, Dries, Enders, Endes.

Angelus
griechisch: der Bote Gottes, Engel; *Kurzform:* Angel; *Weiterbildung:* Angelikus.

Apollonius
griechisch: dem Gott Apoll Geweihter; *Nebenform:* Appolinaris.

Aristid
griechisch: von vornehmer Gestalt; *Kurzform:* Arist.

Arsen
griechisch: männlich.

Athanasius
griechisch: der Unsterbliche.

Baptist
griechisch: der Täufer.

Christof, Christoph
griechisch: Christus tragend; *Nebenformen:* Christoffer, Christopher; *Kurzformen:* Christo, Stoffel.

Christos
griechisch: der Gesalbte des Herrn.

Chrysanthus
griechisch: Goldblume.

Cosimo
griechisch: der Sittsame, der Ordnungsliebende.

Cosmas
griechisch: Ordnung, Schönheit.

Cyrillus, Kyrillus
griechisch: der zum Herrn Gehörende; *Nebenformen:* Cyrill, Kyrill.

Cyrus
griechisch: Sonne.

Damian
griechisch: Volk.

Demetrius
griechisch: Sohn der Erdgöttin Demeter.

Dionys, Dionysius
griechisch: der dem Gott Dionysos Geweihte.

Erasmus
griechisch: der Liebenswerte, der Holde; *Kurzformen:* Asmus, Rasmus.

Eugen
griechisch: der Wohlgeborene.

Eusebius
griechisch: der Fromme, Gottesfürchtige.

Eustachius
griechisch: der Fruchtbringende; *Kurzform:* Stachus.

Evarist
griechisch: wohlgefällig.

Georg
griechisch: der Landmann; *Nebenformen:* Gorch, Joris, Jürgen.

Gereon
griechisch: der Älteste, Greis.

Gregor, Gregorius
griechisch: der Wache, Wachsame; *Kurzform:* Gorius.

Hektor
griechisch: der Anker; trojanischer Held.

Hieronymus
griechisch: heilig und Name; *Nebenformen:* Jeronimus, Geronimo.

Hyazinth
griechischer Name des Jünglings, den Apollo aus Versehen tötete (Blume nach ihm benannt).

Irenäus, Ireneus
griechisch: der Friedliche.

Isidor
griechisch: Geschenk der Göttin Isis

Jannes
griechisch: Verführer.

Kosmas
griechisch: der Geschmückte.

Kyros
griechisch: der Herr.

Leander
griechisch: Volk und Mann.

Leonid, Leonidas
griechisch: der Löwenstarke, Löwensohn.

Linus
griechisch: der Klagende, Beklagte.

Lysander
griechisch: der Freigelassene.

Narziß
griechisch: betäubend (Narzisse).

Nestor
griechische Sagengestalt; weiser Ratgeber, Ältester.

Nikodemus
griechisch: der Volkssieger.

Nikolaus
griechisch: Sieg und Volk, Kriegsvolk; *Kurzformen:* Claas, Claus, Klaas, Klaus, Nicklas, Niklaus, Nikol.

Pankratius
griechisch: der alles Beherrschende.

Pantaleon
griechisch: Märtyrer.

Pelagius
griechisch: die offene See.

Perikles
griechisch: berühmt.

Peter
griechisch: der Fels; *Nebenformen:* Pieter, Pitter.

Philipp, Philip
griechisch: der Freund und das Pferd.

Philo
griechisch: Freund.

Sebastian
griechisch: der Verehrungswürdige, der Erhabene; *Kurzform:* Bastian.

Sophus
griechisch: der Weise.

Stefan, Stephan
griechisch: der Kranz, die Krone; *Kurzform:* Steffen; *italienisch:* Stefano.

Theodor
griechisch: Gott und Geschenk; *Kurzform:* Tetje.

Theodosius
griechisch: Gottesgeschenk.

Theophil
griechisch: Gottesfreund.

Timon
griechisch: der Angesehene, Geehrte.

Timotheus
griechisch: Gott ehrend.

Xenos
griechisch: der Fremde.

Xylon
griechisch: Holz.

Zeno
griechisch: auf Zeus bezogen.

Zenobius
griechisch: Zeus und Leben.

Namen lateinischer Herkunft

Weibliche

Adriane
lateinische weibliche Form zu Adrian.

Afra
lateinisch: afrikanisch.

Alba
lateinisch: die Weiße.

Alva
lateinisch: die Weiße.

Ämilia
weibliche Form zu Emil.

Amabella
lateinisch: liebenswert.

Amadea
lateinisch: liebe die Göttin.

Amanda
lateinisch: die Liebenswerte.

Amata
lateinisch: die Geliebte.

Amöna
lateinisch: die Anmutige.

Annabella, Annabelle
lateinisch: lieblich, reizend.

Antonia
lateinische weibliche Form zu Antonius (Anton).

Augusta, Auguste
lateinische weibliche Form zu August; *Kurzformen:* Guste, Gustel, Gusti.

Aurelia
lateinische weibliche Form zu Aurelius.

Aurora
lateinisch: die Morgenröte.

Balbina
lateinisch: die Stammelnde.

Beate
lateinisch: die Glückliche.

Beatrice, Beatrix
lateinisch: die Beglükkende.

Benedikta
weibliche Form zu Benedikt.

Benigna
lateinisch: die Gütige.

Bibiane
lateinisch: die Lebensvolle.

Blanda
lateinisch: die Freundliche, die Reizende; *Weiterbildungen:* Blandina, Blandine.

Bona
lateinisch: die Gute.

Bonifatia
weibliche Form zu Bonifatius (Bonifazius): der Gutes tut.

Cäcilie
lateinisch: Frau aus dem Geschlecht der Caecilier; *Kurzformen:* Celia, Cilia, Cilla, Cilli, Silke, Zilli; *Nebenformen:* Cecile, Cecilia, Cecily.

Camilla
lateinisch: edelgeborenes, unerwachsenes Mädchen.

Candida
lateinisch: blendendweiß, fleckenlos, rein.

Cara
lateinisch: wert, lieb; englisch: Kara.

Caritas, Charitas
lateinisch: die Nächstenliebe.

Christiana, Christiane
lateinisch: Anhängerin Christi; *Kurzformen:* Christa, Stina, Tiana.

Clamor
lateinisch: lauter Zuruf.

Claudia, Klaudia
lateinische weibliche Form zu Claudius; *Weiterbildungen:* Clodia, Claudine, Klaudine.

Clementia, Klementia
lateinisch: Milde, Gnade; *Weiterbildungen:* Clementine, Klementine.

Clivia, Klivia
lateinisch: Amaryllisgewächs.

Cölestina, Cölestine
lateinisch: die Himmlische.

Columba
lateinisch: die Taube.

Concordia
lateinisch: Eintracht; römische Göttin.

Cordula, Kordula
lateinisch: Herzchen; *Kurzformen:* Cora, Kora; *Nebenformen:* Cordelia, Kordelia.

Cornelia, Kornelia
lateinisch: aus dem Geschlecht der Cornelier; *Kurzformen:* Conni, Cornell, Conny, Corrie.

Corona, Korona
lateinisch: der Kranz, die Krone.

Cortina
lateinischer Name ungeklärten Ursprungs.

Corvina
lateinisch: der Rabe.

Crescentia, Kreszentia
lateinisch: die Aufblühende; *Kurzformen:* Kreszenz, Zenzi.

Deodata
weibliche Form zu Deodatus: von Gott gegeben.

Desideria
lateinische weibliche Form zu Desiderus: der Erwünschte.

Diana
lateinisch: die Strahlende; römische Jagd- und Mondgöttin; *Nebenform:* Dianka.

Dominika
lateinisch: Gott geweiht; *Weiterbildungen:* Domenica, Dominique, Doma, Domka, Donka.

Donata, Donate
lateinisch: die Beschenkte; weibliche Form zu Donatus.

Emerita
lateinisch: die Verdienstvolle; heilige Märtyrerin aus Graubünden.

Emilia, Emilie
lateinische weibliche Form zu Emil; *Kurzformen:* Emmi, Milli.

Fabia
lateinisch: aus dem Geschlecht der Fabier; weibliche Form zu Fabius; *Weiterbildungen:* Fabiana, Fabiane, Fabiola.

Felicia, Felizia
lateinische weibliche Form zu Felix.

Felicitas, Felizitas
lateinisch: das Glück, die Glückseligkeit.

Fidelia, Fidelis
lateinisch: Treue.

Fides
lateinisch: Glaube.

Flavia
lateinisch: die Blonde.

Flora
lateinisch: die Blume, Blüte; *Verkleinerungsformen:* Floretta, Florette; *Nebenform:* Floria.

Florentina, Florentine
lateinisch: die Blühende; weibliche Form zu Florentin; *Weiterbildung:* Floriane, Floriana; weibliche Form zu Florian.

Florenze, Florence
lateinisch: die Blühende; weibliche Form zu Florens.

Florida
lateinisch: die Blühende; *Nebenformen:* Florentia, Florentina.

Fortuna, Fortunata
lateinisch: das Glück, die Beglückte; weibliche Form zu Fortunatus.

Franziska
lateinisch: die Freie aus Franken; weibliche Form zu Franziskus; *Kurzformen:* Cissi, Fanni, Fränze, Franzi, Ziska, Zissi.

Gemma
lateinisch: Edelstein, Kleinod.

Germania
lateinisch: Deutschland.

Gloria
lateinisch: Ruhm, Ehre.

Gratia, Grazia
lateinisch: die Anmut.

Hilaria
lateinisch: die Heitere; weibliche Form zu Hilarius.

Hortensia
lateinisch: die Gärtnerin; römischer Sippenname.

Ignatia
lateinisch: die Feurige.

Imagina
weibliche Form von Imago; *Kurzformen:* Meina, Mena.

Innozenzia
lateinisch: die Unschuldige; weibliche Form zu Innozenz; *Kurzform:* Zenzi.

Judica, Judika
lateinisch: richten.

Julia
lateinisch: aus dem Geschlecht der Julier; weibliche Form zu Julius, Julian; *Erweiterung:* Juliane, Juliana; *Nebenformen:* Iliane, Julie, Julitta, Liane; *italienische Formen:* Giulia, Giuliana.

Justa, Justine
lateinisch: die Gerechte.

Kajetane
weibliche Form zu Kajetan.

Klara, Clara
lateinisch: die Leuchtende, Berühmte; *niederländische Form:* Claartje; *Weiterbildungen:* Clarissa, Klarina, Klarissa.

Konstantine
lateinisch; weibliche Form zu Konstantin.

Konstanze, Constanze
lateinisch: die Beständigkeit, Festigkeit; *Kurzform:* Stanze; *Koseform:* Stanzi.

Lätitia, Lätizia, Letizia
lateinisch: Freude; *Kurzform:* Titzia.

Laurentia, Laurenzia
lateinisch: die Lorbeergeschmückte; weibliche Form zu Laurentius; *Kurzform:* Laura; *Nebenformen:* Laurena, Lorena, Lorina.

Lavina, Lavinia
lateinisch; Gattin des Äneas.

Leoba, Lioba
lateinische Form von Leobgid; englische Äbtissin des 8. Jahrhunderts.

Leona
lateinische weibliche Form zu Leon.

Leonharda
Zusammensetzung aus lateinisch: Löwe und althochdeutsch: hart.

Leontine
lateinisch: die Löwenstarke; *Kurzform:* Loni.

Libera
lateinisch: die Freie.

Livia
lateinische weibliche Form zu Livius, aus dem Geschlecht der Livier.

Lucia, Luzia
lateinisch: die Leuchtende; weibliche Form zu Lucius; *Nebenformen:* Lucie, Luzie; *Weiterbildungen:* Lucinde, Luzinde.

Lucretia, Lukretia
lateinisch: aus dem Geschlecht der Lucretier; weibliche Form zu Lucretius.

Magna
lateinisch: die Große, weibliche Form zu Magnus.

Marcella, Marzella
lateinische weibliche Form zu Marcellus; *Kurzform:* Cella; *Weiterbildung:* Marcelline.

Margarethe
lateinisch: die Perle; *Nebenformen:* Margareta, Margarita; *Kurzformen:* Greet, Gretchen, Grete, Grethe, Gretje, Grietje, Grita, Gritt, Maret, Marga, Margit, Margret, Margrit, Margritta.

Marina
lateinisch: zum Meer gehörend; weibliche Form zu Marinus.

Martina
lateinische weibliche Form zu Martin.

Maura
lateinisch: die Mohrin; weibliche Form zu Maurus; *Weiterbildung:* Maurilia.

Maximiliane
lateinisch: Größte; weibliche Form zu Maximilian; *Kurz- und Koseform:* Maxi, Maxime.

Melanie
lateinisch: dunkelfarbig und schwarz; *Koseform:* Meli.

Miranda
lateinisch: die Bewundernswürdige.

Modesta
lateinisch: die Bescheidene; weibliche Form zu Modestus.

Monica, Monika
vermutlich lateinisch: die Mahnende.

Natalia, Natalie
lateinisch: Tag der Geburt.

Navina
lateinisch: evtl. die Emsige.

Norma
lateinisch: evtl. Gebot, Regel.

Octavia, Oktavia
lateinisch: die Achte; die aus dem Geschlecht der Octavier.

Olivia
lateinisch: der Ölbaum.

Orania
lateinisch: die Oranierin.

Oranna, Oranda
lateinisch: die zu Bittende.

Patricia, Patrizia
lateinisch: die Edle, Patrizierin; weibliche Form zu Patricius.

Paula
lateinisch: die Kleine; weibliche Form zu Paul; *Weiterbildung:* Pauline.

Perdita
lateinisch: die Verlorene.

Peregrina
lateinisch: die Fremde; weibliche Form zu Peregrinus.

Petronella, Petronia
lateinisch: aus dem Geschlecht der Petronier.

Petula
lateinisch: ausgelassen, mutwillig.

Pia, Piata
lateinisch: die Fromme, die Geweihte.

Placida
weibliche Form zu Placidus.

Prisca, Priska
lateinisch: die Altehrwürdige; *Weiterbildungen:* Priscilla, Priszilla.

Prudentia
lateinisch: die Klugheit.

Pulcheria
lateinisch: schön, der Gestalt und dem Ansehen nach.

Regina, Regine
lateinisch: die Königin; *Kurzformen:* Gina, Ina, Rega.

Regula
lateinisch: Ordnung, Richtschnur.

Renata, Renate
lateinisch: die Wiedergeborene; weibliche Form zu Renatus.

Romana
lateinisch: die Römerin; weibliche Form zu Roman.

Rosa
lateinisch: die Rose; *Weiterbildungen:* Rosaria, Rosella, Rosellina, Rosina, Rosine.

Rufina
lateinische weibliche Form zu Rufus.

Sabina, Sabine
lateinisch: die aus dem Stamm der Sabiner; *Kurzform:* Bine.

Salvina
Weiterbildung des lateinischen »salvus«: gesund; *Kurzform:* Salwa.

Scholastika
lateinisch: Lehrende, Lernende.

Serena, Serene
lateinisch: die Heitere; weibliche Form zu Serenus.

Severa
lateinisch: die Strenge, Ernste; *Weiterbildung:* Severine.

Sibylla, Sibylle
aus dem Lateinischen übernommen; Bedeutung ist unklar; *Kurzformen:* Bilke, Billa, Sibyl.

Sidonia, Sidonie
lateinisch: Frau aus Sidon; weibliche Form zu Sidonius; *Kurzform:* Sitta.

Silvia
lateinisch: Mädchen aus dem Wald; weibliche Form zu Silvius; *Weiterbildung:* Silvana, Sylvana; *Kurzform:* Silva.

Stella
lateinisch: der Stern.

Terzia
lateinisch: die Dritte.

Undine
lateinisch: die Nixe, Welle.

Ursa
lateinisch: die Bärin.

Ursine
lateinische weibliche Form zu Ursinus (s. Urs).

Ursula
lateinisch: die kleine Bärin; *Kurzform:* Ursel; *Verkleinerungsform:* Uschi; *italienische Form:* Orsina.

Valentina, Valentine
lateinische weibliche Form zu Valentin.

Valeria, Valerie
lateinische weibliche Form zu Valerius; *Kurzformen:* Walli, Wally; *Fortbildungen:* Valeriana, Valeriane.

Verena
lateinisch: die Scheuende, nicht den Mut Habende; *Nebenform:* Varena.

Victoria, Viktoria
lateinisch: der Sieg; *Kurzformen:* Vicki, Vicky.

Vincentia, Vinzentia
lateinische weibliche Form zu Vinzent.

Viola
lateinisch: das Veilchen.

Virginia
lateinisch: die Jungfräuliche; aus dem Geschlecht der Virginier.

Männliche

Adeodatus
lateinisch: Gottesgabe.

Adrian, Adrien
lateinisch: der aus der Stadt Adria Stammende.

Alban
lateinisch: der aus der Stadt Alba Stammende.

Albin
lateinisch: der Weiße.

Amadeus
lateinisch: liebe Gott.

Amand, Amandus
lateinisch: der Liebenswerte; *Kurzform:* Mandus.

Amatus
lateinisch: der Geliebte.

Anton, Antonius
lateinisch: altrömischer Geschlechtername; *Kurzformen:* Toni, Tünnes (Köln).

Arkadius
lateinisch: der aus Arkadien.

August
lateinisch: der Erhabene; *Kurzform:* Gustel; *Weiterbildung:* Augustin.

Aurel, Aurelius
lateinisch: der Goldene; *Nebenformen:* Aurelian, Aureus.

Basil, Basilius
lateinisch: der Königliche.

Beat, Beatus
lateinisch: der Glückliche.

Benedikt, Benediktus
lateinisch: der Gesegnete; *Kurzformen:* Bendix, Diktus.

Benignus
lateinisch: der Gütige.

Cäcilius
lateinisch: aus dem Geschlecht der Caecilier.

Caesar, Cäsar
lateinisch: schneiden.

Camill, Camillo, Camillus
lateinisch: edelgeborener Knabe als Opfer-, Altardiener.

Candid, Candidus
lateinisch: der Fleckenlose, Lautere.

Carolus
lateinische Form von Karl.

Christian
lateinisch: zu Christus gehörend; *Nebenformen:* Carsten, Karsten, Kersten, Kristian.

Clark
lateinisch: der Geistliche.

Claudius
lateinisch: der aus dem Geschlecht der Claudier.

Clemens, Klemens
lateinisch: der Milde, Gnädige; englisch/französisch: Clement.

Coelestin
lateinisch: dem Himmel bestimmt.

Cornelius, Kornelius
lateinisch: der aus dem Geschlecht der Cornelier; *Kurzform:* Cornel.

Crispin, Crispinus
lateinisch: Krauskopf.

Cyprian, Zyprian
lateinisch: Mann aus Cypern.

Deodatus
lateinisch: von Gott gegeben.

Desiderus
lateinisch: der Erwünschte.

Domenik, Dominik, Dominikus
lateinisch: der zum Herrn Gehörende.

Donatus
lateinisch: der Geschenkte.

Emil
lateinisch: der Eifrige; der aus dem Geschlecht der Aemelier; *Nebenform:* Emilian.

Eustach, Eustachius
lateinisch: der Ährenreiche.

Fabius
lateinisch: der aus dem Geschlecht der Fabier; *Weiterbildung:* Fabian.

Fabricio, Fabricius
lateinisch: aus dem Geschlecht der Fabricier.

Faust, Faustus
lateinisch: der Glückliche.

Felix
lateinisch: der Glückliche.

Fidelis, Fidelius
lateinisch: der Treue; *Kurzform:* Fidel.

Firmin
lateinisch: der Standhafte; *Weiterbildung:* Firminius.

Flavius
lateinisch: der Blonde; aus dem Geschlecht der Flavier.

Florens, Florenz
lateinisch: der Blühende, der in hohem Ansehen Stehende; *Weiterbildung:* Florentin.

Florian
lateinisch: der Blühende, Prächtige; *Verkleinerungsform:* Flori; *Nebenform:* Florin.

Florus
lateinisch: blühend.

Fortunatus
lateinisch: der Beglückte, Gesegnete.

Franziskus
lateinisch: der Franke; *Kurzform:* Franz.

Gallus
lateinisch: der Hahn.

Gaudens, Gaudentius
lateinisch: sich freuen.

Germain, German
lateinisch: leiblicher Bruder; althochdeutsch: Speer und Mann.

Gordian
lateinisch: aus Gordium, Stadt in Kleinasien.

Gratian, Grazian
lateinisch: der Anmutige.

Hilar, Hilarius
lateinisch: der Heitere.

Honorius
lateinisch: der Geehrte.

Horatius
lateinisch; Bedeutung ist ungeklärt.

Ignatius
lateinisch: der Feurige; *Nebenform:* Ignaz.

Innozenz
lateinisch: der Unschuldige.

Julius
lateinisch: der aus dem Geschlecht der Julier; *Nebenform:* Julian.

Justus
lateinisch: der Gerechte; Weiterbildung von Justin.

Kamill, Kamillo
lateinisch: ehrbar, frei geboren.

Kolman
lateinisch: die Taube.

Konstantin
lateinisch: der Standhafte; *Nebenform:* Constantin; *Kurzform:* Kosta.

Laurentius, Laurenz
lateinisch: der aus der Stadt Laurentum Stammende; *Nebenform:* Lorenz; französisch: Laurent.

Leo
lateinisch: der Löwe.

Liborius
lateinisch; Bedeutung ist ungeklärt; *Kurzformen:* Börries, Borries.

Livius
lateinisch: der aus dem römischen Geschlecht der Livier.

Lucas, Lukas
lateinisch: der aus Lucanien Stammende.

Lucius, Luzius
lateinisch: der Lichte, Glänzende.

Lucretius, Lukretius
lateinisch: der aus dem Geschlecht der Lucretier.

Magnus
lateinisch: der Große.

Marinus
lateinisch: der am Meer Lebende; *Kurzform:* Marin.

Marius
lateinisch: Mann vom Meer; *Weiterbildung:* Marian.

Markus
lateinisch: der Kriegerische; *Weiterbildung:* Marcellus, Marzellus; *Kurzform:* Mark.

Martin
lateinisch: der Kriegerische; *Nebenformen:* Marten, Merten; *Kurzform:* Marte.

Mauritius, Maurus
lateinisch: der Mohr; *eingedeutschte Form:* Moritz; *Nebenform:* Mauritz; romanisch: Mauro.

Maximilian, Maximus
lateinisch: der Größte; *Kurzformen:* Max, Maxim; *Koseform:* Maxi.

Modest, Modestus
lateinisch: der Bescheidene.

Oktavian, Oktavius
lateinisch: der Achte; aus dem Geschlecht der Octavier.

Oliver
lateinisch: der Ölbaumpflanzer.

Patricius, Patrizius
lateinisch: der Edle.

Paul, Paulus
lateinisch: der Kleine; *Weiterbildung:* Paulin.

Peregrin, Peregrinus
lateinisch: der Fremde.

Pius
lateinisch: der Fromme, Rechtschaffende.

Placidus, Placido
lateinisch: ruhig, friedlich.

Pontus, Pontian
lateinisch: Brücke.

Prosper
lateinisch: der Glückliche.

Quintus
lateinisch: der Fünfte; *Weiterbildung:* Quintinus.

Quirin, Quirinus
lateinisch: der Lanzenschwinger; Name einer sabinischen Stammesgottheit.

Remigius
lateinisch: der Ruderer.

Remus
lateinisch, einer der sagenhaften Gründer Roms.

Renatus
lateinisch: der Wiedergeborene.

Roman, Romanus
lateinisch: der Römer.

Rufus, Rufinus
lateinisch: der Rote, Rothaarige.

Sachso
lateinisch: der Sachse; *Nebenform:* Sasso.

Salvator
lateinisch: Retter, Erlöser.

Serenus
lateinisch: der Heitere.

Sergius
lateinisch; altrömischer Geschlechtername.

Servatius
lateinisch: der Gerettete.

Severin, Severinus, Severus
lateinisch: streng, ernsthaft.

Sidonius
lateinisch: Mann aus Sidon.

Silvan, Silvanus
lateinisch: Name des altrömischen Waldgottes; italienisch: Silvano.

Silvester, Sylvester
lateinisch: der Waldbewohner.

Silvus
lateinisch; Bedeutung ist nicht geklärt.

Tiberius
lateinisch: dem Fluß(gott) Tiber geweiht.

Titus
lateinisch: der Ruhmreiche, Verdienstvolle; italienisch: Tito.

Urban
lateinisch: der Stadtbewohner.

Urs, Ursus
lateinisch: der Bär; *Weiterbildung:* Ursinus.

Valentin
lateinisch: kräftig, gesund; *Kurzform:* Valtin.

Valerius
lateinisch: aus dem Geschlecht der Valerier; *Weiterbildung:* Valerian.

Vigil, Vigilius
lateinisch: der Wachsame.

Viktor, Viktorius
lateinisch: der Sieger.

Vinzent, Vinzenz
lateinisch; von Vincentius: siegen.

Virgil
lateinisch; von Virgilius, Vegilius = altrömischer Geschlechtername.

Vitalis
lateinisch: der Lebenskräftige.

Vitus
lateinisch: bereit, willig; italienisch: Vito.

Wulfila
lateinisch: Wölfchen.

Namen althochdeutscher und germanischer Herkunft

Weibliche

Abela
niederdeutsche Form zu Appolonia.

Adalberta
weibliche Form zu Adalbert.

Adalgard
althochdeutsch: edel, vornehm und Schutz, Hort.

Adelburg, Adelburga
althochdeutsch: edel, vornehm und Schutz, bergen; *Nebenform:* Adelberga.

Adelgund, Adelgunde
althochdeutsch: edel und Kampf.

Adelheid
althochdeutsch: edel und Art, Wesen; *Kurzformen:* Adela, Adele, Aleide, Aleit, Aletta, Alheid, Alheit, Alida, Heide, Heidi.

Adelhilde
althochdeutsch: edel, vornehm und Kampf.

Adelinde
althochdeutsch: edel, vornehm und Schild; *Kurzform:* Alinde.

Adelmute
althochdeutsch: edel, vornehm und Sinn, Gemüt; *Nebenformen:* Almod, Almudis, Almut.

Adeltraud, Adeltrud
althochdeutsch: edel, vornehm und Kraft, Stärke; *Kurzform:* Altraud; *neuere Form:* Edeltraud.

Adolfa
weibliche Form zu Adolf.

Alberta
weibliche Form zu Albert; *Weiterbildung:* Albertina.

Albina, Albine
althochdeutsch: Elfe, Geist.

Albrun
althochdeutsch: Elf, Naturgeist und Geheimnis; *Nebenformen:* Albruna, Alfrun, Elfrun.

Alburg
althochdeutsch: edel, vornehm und Schutz.

Alfgard
althochdeutsch: Elfe, Naturgeist und Hort, Schutz.

Alfonsa
weibliche Form zu Alfons.

Alfrada
weibliche Form zu Alfrad.

Alfreda
weibliche Form zu Alfred.

Aloisa
weibliche Form zu Alois.

Alrun
althochdeutsch: edle Zauberin; *Nebenform:* Alraune.

Alwina, Alwine
weibliche Form zu Alwin.

Amalberga, Amalburga
althochdeutsch: ostgotisches Königsgeschlecht und Schutz, Zuflucht.

Amalia, Amalie
mittelhochdeutsch: die Arbeitsame.

Amalinde, Amalindis
althochdeutsch: Kampf und Schutzschild aus Lindenholz.

Amelina, Ameline
Nebenform von Amalinde und Amalindis.

Anselma
weibliche Form zu Anselm; *Kurzform:* Selma.

Ansgard
germanisch: Gott und Hort, Schutz; *Nebenform:* Asgard.

Anstrud
germanisch: Gott und beliebt.

Arna
Nebenform von Arnolde.

Arndis
althochdeutsch: Adler und Schutzgöttin.

Arnfriede
weibliche Form zu Arnfried; *Nebenform:* Ernfriede.

Arngard
althochdeutsch: Adler und Hort (Schutz).

Arnhild
althochdeutsch: Adler und Kampf.

Arnolde
weibliche Form zu Arnold.

Arntraut, Arntraud
althochdeutsch: mächtig, wehrhaft.

Astrid
germanisch: Gott und schön.

Aswina
weibliche Form zu Aswin.

Baldegund
althochdeutsch: kühn und Kampf.

Balthilde
althochdeutsch: kühn und Kampf.

Baltrun
althochdeutsch: kühn und Geheimnis.

Bathilde
althochdeutsch: kühn und Kampf.

Beanke
friesische Form von Bernhard.

Berendina
Nebenform von Bernhardine.

Bernarda
Nebenform von Bernharde.

Bernardina
Nebenform von Bernhardine.

Bernhild
althochdeutsch: Bär und Kampf.

Berta
althochdeutsch: die Glänzende; *Kurzform:* Bertel.

Berthild, Berthilde
althochdeutsch: glänzend und Kampf.

Bertrada
althochdeutsch: glänzend und beratend.

Bertrun
althochdeutsch: glänzend und Geheimnis.

Blidhild
althochdeutsch: heiter und Kampf.

Bruna
weibliche Form zu Bruno; »die Braune«.

Brunhild
althochdeutsch: Brünne, Brustpanzer und Kampf; *Kurzformen:* Bruni, Bruntje.

Burghild
althochdeutsch: Burg und Kampf.

Dagmar
weibliche Form zu Dagomar.

Dietberga, Dietburga
althochdeutsch: Volk und Schutz, Zuflucht.

Diethild
althochdeutsch: Volk und Kampf; *Kurzform:* Dieta.

Dietlind, Dietlinde
althochdeutsch: Volk und Schild; *Kurzformen:* Dieta, Linda, Linde.

Dietmut
althochdeutsch: Volk und Geist.

Dietrun
althochdeutsch: Volk und Geheimnis, geheime Beratung.

Eberharde
weibliche Form zu Eberhard; *Kurzform:* Eberta.

Eberhild, Eberhilde
althochdeutsch: Eber und Kampf.

Edelgard
althochdeutsch: edel und Hort, Schutz.

Edeltraud
althochdeutsch: edle Gesinnung.

Eilika
weibliche Form zu Eiliko.

Elfgard
althochdeutsch: Elfe und Schutz.

Elfriede
althochdeutsch: gespenstisches Wesen und Friede.

Erlwine
weibliche Form zu Erlwin.

Ernesta
weibliche Form zu Ernst; *Weiterbildung:* Ernestine; *Kurzform:* Stine.

Erwine
weibliche Form zu Erwin.

Farhild, Ferhild
althochdeutsch: fahren, reisen und Kampf.

Filiberta
weibliche Form zu Filibert.

Franka
weibliche Form zu Frank.

Friedegund
althochdeutsch: Friede und Kampf; *Nebenform:* Fredegunde.

Friedelind, Friedelinde
althochdeutsch: Friede und Schild.

Friederike
weibliche Form zu Friedrich; *Kurzformen:* Fricka, Frieda, Friedel, Frida, Frigga, Frigge, Fritzi.

Friedhild, Friedhilde
althochdeutsch: Friede und Kampf.

Friedrun
althochdeutsch: Friede und geheime Beratung; *Nebenformen:* Friederun, Fridrun.

Frodegard
althochdeutsch: klug und Hort, Schutz.

Frodewine
althochdeutsch: klug und Freundin; *Kurzform:* Frowine.

Frodina
weibliche Kurzform zu Namen mit »Frod-« (klug).

Gebharde
weibliche Form zu Gebhard.

Genoveva
alter deutscher Name, Bedeutung ist unklar.

Geralde
weibliche Form zu Gerald; *Weiterbildung:* Geraldine.

Gerburg
althochdeutsch: Speer und Schutz: *Nebenformen:* Gerberg, Gerborg.

Gerhild, Gerhilde
althochdeutsch: Speer und Kampf.

Gerlind, Gerlinde
althochdeutsch: Speer und Schild; *Nebenform:* Gerlindis.

Gertrud
althochdeutsch: Speer und Kraft, Stärke; *Nebenformen:* Gertraud, Gertraude, Gertraut; *Kurzformen:* Geerter, Geerte, Geertje, Gerke, Gerta, Trude, Trudel.

Gerwine
weibliche Form zu Gerwin.

Gisberta
weibliche Form zu Gisbert.

Gisela
alter deutscher Name, Bedeutung ist unklar; *Kurzform:* Silke.

Giselberta
althochdeutsch: Pfeilschaft und glänzend.

Giselheid
althochdeutsch: Pfeilschaft und Gestalt.

Giselinde
althochdeutsch: Pfeilschaft und Schild; *Nebenform:* Gislind.

Gismara
weibliche Kurzform zu Giselmar.

Godelinde
althochdeutsch: Gott und Schild.

Godolewa
weibliche Form zu Gottlieb; *Kurzform:* Gondela.

Gudrun
althochdeutsch: Kampf und geheime Beratung.

Gunda
alter deutscher Name; Kurzform von Zusammensetzungen mit Gund- oder -gund(e), wie z. B. Adelgund(e) und Hildegund(e); *Weiterbildungen:* Gonda, Gundela, Gundula; *Koseformen:* Göntje, Gundel.

Gunthild, Gunthilde
althochdeutsch: Kampf; *Nebenform:* Gundhilde.

Guntlinde
althochdeutsch: Kampf und Schild.

Guntrada, Guntrade
althochdeutsch: Kampf und Rat.

Hadburg, Hadeburg
althochdeutsch: Kampf und Schutz; *Nebenform:* Hadburga.

Hadmut, Hadmute
althochdeutsch: Kampf und Gesinnung.

Hadwine
weibliche Form zu Hadewin.

Hedwig
althochdeutsch: Kampf und Krieg; *Koseformen:* Hetti, Hetty; *ältere Form:* Hadwig.

Heidrun
althochdeutsch: Zauberwesen und Geheimnis.

Heilwig
althochdeutsch: gesund und Kampf; *Kurzformen:* Heila, Heilke, Helke.

Heima
alter deutscher Name; Kurzform von Zusammensetzungen mit Heim- als erstem Bestandteil, wie z. B. Heimhilt (heute nicht mehr gebräuchlich); *Koseform:* Heimke.

Helmburg
althochdeutsch: Schutz.

Helmtraud, Helmtraut
althochdeutsch: Helm und Stärke; *Nebenform:* Helmtrud.

Herlind
althochdeutsch: Heer und Schild; *Nebenformen:* Herlinde, Herlindis.

Hermine
weibliche Form zu Hermann; *Kurzform:* Herma; *Nebenform:* Hermina.

Herrad
althochdeutsch: Heer und Rat; *Nebenform:* Herrada.

Herta, Hertha
althochdeutsch: die Starke, Kühne.

Hildburg
althochdeutsch: Kampf und Schutz.

Hildegard
althochdeutsch: Kampf und Hort, Schutz; *Kurzform:* Hilde.

Hildegund
althochdeutsch: Kampf; *Nebenform:* Hildegunde.

Hildemut
althochdeutsch: Kampf und Mut; *Nebenformen:* Hildmut, Hildemute.

Hildrun
althochdeutsch: Kampf und geheime Beratung; *Nebenform:* Hiltrun.

Hiltrud
althochdeutsch: Kampf und Wehr; *Nebenformen:* Hiltraud, Hiltrude.

Holda, Hulda
althochdeutsch: gnädig, treu; *Weiterbildung:* Holdwine.

Huberta
weibliche Form zu Hubert.

Humberta
weibliche Form zu Humbert.

Ingrun
althochdeutsch: Gott und Geheimnis.

Irmgard
althochdeutsch: allumfassend und Hort, Schutz; *Nebenformen:* Armgard, Ermengard.

Irmhild
althochdeutsch: allumfassend und Kampf; *Nebenformen:* Irmhilde, Ermenhild.

Irmtraud
althochdeutsch: groß und Kraft, Stärke.

Isberga, Isburga
althochdeutsch: Eisen und Schutz.

Isgard
althochdeutsch: Eisen und Hort, Schutz.

Ishild, Ishilde
althochdeutsch: Eisen und Kampf.

Isidora
weibliche Form zu Isidor.

Istraud
althochdeutsch: Eisen und Stärke; *Nebenformen:* Isentraud, Istrud.

Jordana
weibliche Form zu Jordan.

Karla
weibliche Form zu Karl; *Nebenform:* Carla; *Weiterbildungen:* Carola, Caroline, Karlina, Karola, Karolina, Karoline.

Klothilde, Clothilde
althochdeutsch: laut, berühmt und Kampf; *Kurzform:* Thilde.

Kriemhild, Kriemhilde
altenglisch: Maske, Helm und althochdeutsch: Kampf.

Kunigunde
althochdeutsch: Geschlecht, Sippe und Kampf.

Lamberta
weibliche Form zu Lambert; *Nebenform:* Lambertine.

Leopolda
weibliche Form zu Leopold; *Weiterbildung:* Leopoldine; *Kurzform:* Poldi.

Lidwina
weibliche Form zu Lidwin; *Nebenformen:* Ledwina, Ludwina.

Liebgard
althochdeutsch: lieb und Hort, Schutz.

Liebhild, Liebhilde
althochdeutsch: lieb und Kampf.

Liebtraud
althochdeutsch: lieb und Kraft, Stärke; *Nebenformen:* Liebetraud, Liebtrud.

Lindgard
althochdeutsch: zart und Schutz.

Ludwiga
weibliche Form zu Ludwig.

Luisa, Luise
deutsche Formen von Louise.

Luitberga
althochdeutsch: Volk und bergen.

Luitgard
althochdeutsch: Volk und Hort, Schutz.

Luithild
althochdeutsch: Volk und Kampf.

Luitwine
weibliche Form zu Luitwin.

Malwine
althochdeutsch: Recht und Freund.

Manfreda
weibliche Form zu Manfred.

Mathilde
althochdeutsch: Macht, Kraft und Kampf; *Nebenformen:* Matilda, Mechthild, Mechthilde.

Meinberg
althochdeutsch: Kraft und Schutz; *Nebenformen:* Meinberga, Meinburga.

Meinharde
weibliche Form zu Meinhard.

Meinhild, Meinhilde
althochdeutsch: Kraft und Kampf; *Kurzform:* Meina.

Mildburg
althochdeutsch: gütig und schützend; *Nebenform:* Milburg.

Norberta
weibliche Form zu Norbert.

Nordrun
althochdeutsch: Norden und Geheimnis.

Norgard
althochdeutsch: Norden und Hort, Schutz.

Norhild, Norhilde
althochdeutsch: Norden und Kampf.

Notburg, Notburga
althochdeutsch: Gefahr und bergen.

Odalinde
althochdeutsch: Besitz und Schild; *Nebenform:* Olinde.

Orthild, Orthilde
althochdeutsch: Spitze einer Waffe und Kampf.

Ortlind, Ortlinde
althochdeutsch: Spitze einer Waffe und Schild.

Ortraud, Ortrud
althochdeutsch: Spitze einer Waffe und Stärke.

Ortrun
althochdeutsch: Spitze einer Waffe und Geheimnis.

Oswalda
weibliche Form zu Oswald.

Oswine
weibliche Form zu Oswin.

Otberga, Otburga
germanisch: Besitz, Reichtum und althochdeutsch: bergen.

Othilde
germanisch: Besitz, Reichtum und althochdeutsch: Kampf.

Radegund, Radegunde
althochdeutsch: Ratschlag und Kampf.

Raimunde, Reimunde
weibliche Form zu Raimund.

Rantraut
althochdeutsch: Schildrand und wehrhaft.

Ratberta
weibliche Form zu Ratbert.

Ratburg, Ratburga
althochdeutsch: Rat und bergen.

Rathild, Rathilde
althochdeutsch: Rat und Kampf.

Rautgund
deutscher Name; Herkunft und Bedeutung sind unklar; *Kurzform:* Raute.

Reglinde
germanisch: Rat, Beschluß und althochdeutsch: Schild; *Nebenformen:* Reg(e)lindis, Reilinde.

Reimut, Reimute
germanisch: Rat, Beschluß und althochdeutsch: Gesinnung.

Reinalde
weibliche Form zu Reinald.

Reinhild, Reinhilde
germanisch: Rat, Beschluß und althochdeutsch: Kampf.

Reinholde
weibliche Form zu Reinhold.

Reintraud, Reintraude
germanisch: Rat, Beschluß und althochdeutsch: Kraft.

Richarda
weibliche Form zu Richard; *Nebenform:* Ricarda.

Richhild, Richhilde
althochdeutsch: mächtig und Kampf.

Richlind, Richlinde
althochdeutsch: mächtig und Schild; *Nebenform:* Richlindis.

Richmut, Richmute
althochdeutsch: mächtig und Mut; *Nebenform:* Richmodis.

Roberta
weibliche Form zu Robert.

Rodegard
germanisch: Ruhm, Preis und althochdeutsch: Hort, Schutz; *Nebenform:* Rutgard.

Rodehild, Rodehilde
germanisch: Ruhm, Preis und althochdeutsch: Kampf; *Nebenform:* Ruthilde.

Rodelind, Rodelinde
germanisch: Ruhm, Preis und althochdeutsch: Schild.

Rolande
weibliche Form zu Roland; *Nebenform:* Rolanda.

Rosalinde
germanisch: Ruhm, Preis und althochdeutsch: Schild.

Rosamunde
germanisch: Ruhm, Preis und althochdeutsch: Schutz.

Roswitha
althochdeutsch: die Ruhmesstarke; *Nebenform:* Roswith.

Rotraud, Rotraut
germanisch: Ruhm, Preis und althochdeutsch: Stärke.

Rudolfa
weibliche Form zu Rudolf.

Runhild, Runhilde
althochdeutsch: Geheimnis und Kampf.

Ruperta
weibliche Form zu Rupert.

Schöntraud
althochdeutsch: schön und wehrhaft.

Schwanhild, Schwanhilde
althochdeutsch: Schwan und Kampf; *Nebenform:* Swanhild; *Koseformen:* Swaantje, Swantje, Swana.

Siegberta
weibliche Form zu Siegbert.

Siegburg, Siegburga
althochdeutsch: Sieg und bergen.

Siegfriede
weibliche Form zu Siegfried.

Sieghild, Sieghilde
althochdeutsch: Sieg und Kampf.

Sieglinde
althochdeutsch: Sieg und Schild; *Kurzform:* Linde; *ältere Form:* Sieglind.

Siegmunda, Siegmunde
weibliche Form zu Siegmund.

Sigrun, Sigrune
althochdeutsch: Sieg und Geheimnis; *Nebenform:* Siegrune.

Sunhild, Sunhilde
erster Bestandteil ungeklärt und althochdeutsch: Kampf.

Trudhild, Trudhilde
althochdeutsch: Kraft und Kampf.

Ulrike
weibliche Form zu Ulrich; *Kurzform:* Rike.

Volkberta
weibliche Form zu Volkbert.

Volkhild, Volkhilde
althochdeutsch: Volk und Kampf.

Walburg, Walburga
althochdeutsch: walten, herrschen und Burg; *Nebenform:* Walpurga; *Kurzformen:* Walli, Wally; *ältere Form:* Waldburga.

Waldefrieda
althochdeutsch: herrschen und Friede.

Waldegund, Waldegunda
althochdeutsch: herrschen und Kampf.

Walthild, Walthilde
althochdeutsch: herrschen und Kampf; *Nebenformen:* Waldhild, Waldhilde.

Waltrada, Waltrade
althochdeutsch: herrschen und Ratschlag.

Waltraud, Waltraut
althochdeutsch: walten, herrschen und Kraft, Stärke; *Nebenform:* Waltrud; *Kurzformen:* Traude, Traudel, Traute.

Waltrun, Waltrune
althochdeutsch: walten, herrschen und geheime Beratung.

Weerta, Werta
weibliche Form zu Weert (Wichard).

Wendelburg
germanischer Stamm der Vandalen und althochdeutsch: Burg.

Wendelgard
germanischer Stamm der Vandalen und Hort, Schutz.

Wernburg
germanischer Stammesname der Warnen und Burg.

Werngard
germanischer Stammesname der Warnen; -gard: Hort, Schutz.

Wernhild
germanischer Stammesname der Warnen und althochdeutsch: Kampf.

Wibranda
althochdeutsch: Kampf und Schwert.

Wigberta
weibliche Form zu Wigbert; *Nebenform:* Wiberta; *Kurzformen:* Wibke, Wiebke.

Wigburg, Wigburga
althochdeutsch: Kampf und bergen.

Wilburg
althochdeutsch: Wille und Burg.

Wilfrieda, Wilfriede
weibliche Form zu Wilfried; *Kurzform:* Wilka.

Wilgard
althochdeutsch: Wille und Hort, Schutz; *Kurzform:* Wilka.

Wilgund, Wilgunde
althochdeutsch: Wille und Kampf.

Wilhelma
weibliche Form zu Wilhelm; *Kurzformen:* Helmke, Wilma.

Wilhelmina, Wilhelmine
Weiterbildung von Wilhelma; *Kurzformen:* Helmina, Helmine, Minja, Minna.

Wilrun
althochdeutsch: Wille und Geheimnis.

Wiltrud, Wiltrude
althochdeutsch: Wille und Stärke; *Nebenformen:* Wiltraud, Wiltraude, Wiltrudis; *Kurzform:* Wilka.

Winfrieda
weibliche Form zu Winfried.

Wintrud, Wintrude
althochdeutsch: Freund und Stärke.

Wisgard
althochdeutsch: weise und Hort, Schutz.

Wisgund
althochdeutsch: weise und Kampf.

Wolfgund, Wolfgunde
althochdeutsch: Wolf und Kampf.

Wolfhild, Wolfhilde
althochdeutsch: Wolf und Kampf.

Wolfrun
althochdeutsch: Wolf und Geheimnis.

Wolftrud, Wolftrude
althochdeutsch: Wolf und Stärke; *Nebenform:* Wolftraud.

Männliche

Adalbald, Adalbold
althochdeutsch: edel, vornehm und kühn.

Adalbero
althochdeutsch: edel, vornehm und Bär; *Kurzform:* Albero.

Adalbert, Adelbert
althochdeutsch: edel, vornehm und glänzend; *Nebenformen:* Adalbrecht, Adelbrecht, Albert; *Kurzform:* Albrecht; *neuere Form:* Edelbert.

Adalbrand, Adelbrand
althochdeutsch: edel, vornehm und Waffe, Schwert; *Kurzformen:* Albrand, Alebrand.

Adalfried
althochdeutsch: edel, vornehm und Friede; *Kurzform:* Alfried.

Adalger, Adelger
althochdeutsch: edel, vornehm und Speer; *Nebenform:* Adilger.

Adalhard, Adelhard
althochdeutsch: edel, vornehm und hart, kräftig; *Kurzformen:* Alard, Alhard.

Adalhelm, Adelhelm
althochdeutsch: edel, vornehm und Helm; *Nebenform:* Adhelm.

Adalmann, Adelmann
althochdeutsch: edel, vornehm und Mann.

Adalmar, Adelmar
althochdeutsch: edel, vornehm und berühmt; *Kurzformen:* Almar, Elmar; *neuere Form:* Edelmar.

Adalrich, Adelrich
althochdeutsch: edel, vornehm und mächtig, begütert; *Kurzform:* Allrich.

Adalwin, Adelwin
althochdeutsch: edel, vornehm und Freund; *Kurzform:* Alwin.

Adalwolf
althochdeutsch: echt, vornehm und Wolf.

Adelar, Adolar
althochdeutsch: edel, vornehm und Adler.

Adelmut
althochdeutsch: edel, vornehm und Gemüt, Geist.

Adelwin
althochdeutsch: edel und Freund.

Adolf, Adolph
althochdeutsch: edel und Wolf; *Kurzformen:* Alef, Alof.

Agemar, Agimar
althochdeutsch: Ecke, Spitze und groß, berühmt; *Nebenform:* Agomar.

Agilbert
althochdeutsch: Ecke, Spitze und glänzend; *Nebenformen:* Eilard, Eilert, Eilhard.

Agilolf, Agilulf
althochdeutsch: Ecke, Spitze und Wolf; *Nebenformen:* Aigolf, Egolf; *neuere Form:* Egilolf; *Kurzform:* Egilo.

Agilwart
althochdeutsch: Ecke, Spitze und Hüter, Schützer.

Agimund
althochdeutsch: Ecke, Spitze und Schutz; *Nebenform:* Egmont, Egmund.

Alarich
althochdeutsch: Heiligtum und germanisch: Herrscher.

Alawart
althochdeutsch: ganz und Hüter.

Alberich
althochdeutsch: Elf, Naturgeist und germanisch: Herrscher.

Albwin
althochdeutsch: Elf, Naturgeist und Freund; *Nebenformen:* Albin, Alboin, Albuin.

Alfons
althochdeutsch: edel, vornehm und bereit, willig.

Alfrad, Alfred
althochdeutsch: Elf, Naturgeist und Rat; *Kurzformen:* Alf, Fred, Freddie, Freddy.

Alkmar
althochdeutsch: edel und berühmt; *Nebenform:* Elkmar.

Alkuin, Alkwin
althochdeutsch: Tempel (Kirche) und Freund.

Alois
althochdeutsch: der sehr Weise; *Kurzform:* Lois.

Alwin
althochdeutsch: edel, vornehm und Freund; *Nebenform:* Elwin.

Amalbert
althochdeutsch: tapfer und glänzend.

Amalfried
althochdeutsch: tapfer und Friede.

Amalrich
althochdeutsch: tapfer und reich.

Ansbert
germanisch: Gott und althochdeutsch: glänzend.

Anselm, Anshelm
germanisch: Gott und althochdeutsch: Helm.

Ansfried
germanisch: Gott und althochdeutsch: Friede.

Ansgar
germanisch: Gott und althochdeutsch: Speer.

Arbogast
althochdeutsch: Erbe und Feind.

Armin
vielleicht althochdeutsch: Erde, Welt; *Umbildung:* Arnim.

Arnfried
althochdeutsch: Adler und Friede.

Arnger
althochdeutsch: Adler und Speer

Arngrim
althochdeutsch: Adler und Helm.

Arnhard
althochdeutsch: Adler und hart.

Arnhelm
althochdeutsch: Adler und Helm.

Arnold
althochdeutsch: Adler und walten; eigentlich: der wie ein Adler herrscht; *Kurzformen:* Arend, Arnd, Arndt.

Arnulf
althochdeutsch: Adler und Helm.

Arnwald
althochdeutsch: Adler und walten, herrschen.

Aschwin, Aswin
althochdeutsch: Eschenspeer und Freund; *Nebenform:* Askan.

Baldebert
althochdeutsch: kühn und glänzend.

Baldemar, Baldomar
althochdeutsch: kühn und berühmt.

Baldfried, Baltfried
althochdeutsch: kühn und Friede.

Balduin
althochdeutsch: kühn und Freund.

Baltram
althochdeutsch: kühn und Rabe.

Bardolf
althochdeutsch: Streitaxt und Wolf; *Kurzform:* Bardo.

Berengar
althochdeutsch: Bär und Speer; *Kurzform:* Bernger.

Berhard, Bernhard
althochdeutsch: Bär und hart; *Kurzformen:* Bean, Benno, Bernd, Berno, Berend, Bernt.

Bernald, Bernold, Bernwald
althochdeutsch: Bär und walten, herrschen; *Nebenform:* Bernhold.

Bernulf
althochdeutsch: Bär und Wolf.

Bernward
althochdeutsch: Bär und Hüter, Schützer.

Bertfried
althochdeutsch: glänzend und Friede.

Berthold, Bertold
althochdeutsch: glänzend und walten, herrschen; *Nebenformen:* Barthold, Bertolt; *Koseformen:* Bertel, Berti.

Bertolf, Bertulf
althochdeutsch: glänzend und Wolf.

Bertram
althochdeutsch: glänzend und Rabe.

Bertrand
althochdeutsch: glänzend und Schild.

Bertwin
althochdeutsch: glänzend und Freund.

Billfried
althochdeutsch: Schwert und Friede.

Billhard
althochdeutsch: Schwert und hart.

Bodewald
althochdeutsch: Bote und walten, herrschen.

Bodomar, Bodmar, Botmar
althochdeutsch: Bote, Gebieter und groß, berühmt; *Kurzform:* Bodo.

Bodowin, Botwin
althochdeutsch: Bote, Gebieter und Freund; *Kurzform:* Bodo.

Brandolf
althochdeutsch: Waffe, Schwert und Wolf.

Brunhard
althochdeutsch: braun und hart.

Bruno
althochdeutsch: der Braune.

Brunold
althochdeutsch: der Braune und walten, herrschen.

Burghard, Burkhard, Burchard
althochdeutsch: Burg und hart; *Kurzform:* Busse; *niederdeutsch:* Borchard.

Chlodwig
altfränkisch; der Name entspricht Ludwig.

Dagobert
keltisch: gut und althochdeutsch: glänzend.

Dagomar
keltisch: gut und althochdeutsch: groß, berühmt.

Dankmar
althochdeutsch: denken, Gedanke und groß, berühmt; *Nebenform:* Thankmar; *Kurzformen:* Tamme, Tammo, Tanko.

Dankrad
althochdeutsch: denken, Gedanke und verkünden; *Nebenform:* Tankred.

Dankward, Dankwart
althochdeutsch: denken, Gedanke und Hüter, Schützer.

Degenhard
althochdeutsch: Held, Krieger und hart; *Nebenform:* Deinhard.

Detlef, Detlev
althochdeutsch: Volk und Erbschaft; *Kurzform:* Tjalf.

Dietbald
althochdeutsch: Volk und kühn; *Nebenformen:* Debald, Diebald, Diepolt, Dietbold, Theobald.

Dietbert
althochdeutsch: Volk und glänzend; *Nebenform:* Theodebert.

Dietbrand
althochdeutsch: Volk und brennen.

Dietegen
althochdeutsch: Volk und Held.

Dieter
althochdeutsch: Volk und Heer; *Nebenform:* Diether.

Dietfried
althochdeutsch: Volk und Friede.

Dietgard
althochdeutsch: Volk und Hort, Schutz.

Dietger
althochdeutsch: Volk und Speer.

Diethard
althochdeutsch: Volk und hart; *Kurzform:* Tjard.

Diethelm
althochdeutsch: Volk und Helm.

Dietmar, Detmar
althochdeutsch: Volk und berühmt; *Nebenformen:* Ditmar, Dittmar, Theodemar; *Kurzformen:* Diemo, Themke.

Dietmut
althochdeutsch: Volk und Sinn, Gemüt, Geist; *Nebenform:* Diemut.

Dietmund
althochdeutsch: Volk und Schutz.

Dietolf
althochdeutsch: Volk und Wolf.

Dietrad
althochdeutsch: Volk und Ratgeber.

Dietram
althochdeutsch: Volk und Rabe.

Dietrich
althochdeutsch: Volk und mächtig, Herrscher; *Nebenform:* Theoderich; *Kurzformen:* Dierk, Dieter, Dietz, Tiede, Tiedo, Tjark, Tjerk.

Dietwald
althochdeutsch: Volk und walten, herrschen; *Nebenformen:* Dewald, Thewald.

Dietward, Dietwart
althochdeutsch: Volk und Schützer.

Dietwin
althochdeutsch: Volk und Freund.

Dietwolf
althochdeutsch: Volk und Wolf.

Ebergard
althochdeutsch: Eber und Hort, Schutz.

Eberhard, Everhard
althochdeutsch: Eber und hart; *Kurzform:* Evert.

Ebermund
althochdeutsch: Eber und Schutz.

Eberwein, Eberwin
althochdeutsch: Eber und Freund.

Eberwolf
althochdeutsch: Eber und Wolf.

Eckbert, Eckbrecht
althochdeutsch: Ecke, Spitze und glänzend; *Nebenformen:* Egbert, Egbrecht.

Eckart, Eckehard, Eckhard
althochdeutsch: Ecke, Spitze und hart; friesisch: Edzard.

Eckeward, Eckward
althochdeutsch: Ecke, Spitze und Schützer.

Eckfried
althochdeutsch: Ecke, Spitze und Frieden.

Eckwin
althochdeutsch: Waffenspitze und Freund.

Eginald
althochdeutsch: Ecke, Spitze und walten, herrschen; *Kurzform:* Egino.

Eginhard
althochdeutsch: Ecke, Spitze und hart; *Nebenform:* Einhard; *Kurzform:* Egino.

Eiliko
alter deutscher Name von Zusammensetzungen mit Eil-, wie z. B. Eilbert.

Eilmar
althochdeutsch: Ecke, Spitze und berühmt.

Eilward, Eilwart
althochdeutsch: Waffenspitze und Hüter.

Elger
althochdeutsch: edel und Speer.

Emeram, Emmeram
althochdeutsch: Heim und Rabe.

Emerich, Emmerich
althochdeutsch: Heim und mächtig, Herrscher.

Engelbert, Engelbrecht
Stammesname der Angeln und althochdeutsch: glänzend.

Engelfried
Stammesname der Angeln und althochdeutsch: Friede.

Engelhard
Stammesname der Angeln und althochdeutsch: hart.

Engelmar
Stammesname der Angeln und althochdeutsch: berühmt.

Erhard, Erhart
althochdeutsch: Ehre, Ansehen und hart; *Nebenform:* Ehrhard.

Erkenbald
althochdeutsch: edel, echt und glänzend.

Erkenfried
althochdeutsch: edel, echt und Friede.

Erkengard
althochdeutsch: edel, echt und Hort, Schutz.

Erkenhild
althochdeutsch: edel, echt und Kampf.

Erkenwald
althochdeutsch: edel, echt und walten, herrschen.

Erkmar
althochdeutsch: ausgezeichnet und berühmt.

Erlfried
althochdeutsch: Mann und Friede.

Erlgard
althochdeutsch: Edelmann und Hort, Schutz.

Erlwin
althochdeutsch: Mann und Freund.

Ermenrich
althochdeutsch: groß, allumfassend und Herrschaft, Reich.

Ernst
althochdeutsch: ernst und Entschlossenheit.

Erwin
althochdeutsch: Heer und Freund.

Ewald
althochdeutsch: Gesetz, Recht und walten, herrschen.

Falko
althochdeutsch: der Falke; *Weiterbildung:* Falco.

Farald, Farold, Farolt
althochdeutsch: reisen, fahren und walten, herrschen.

Farfried, Ferfried
althochdeutsch: fahren, reisen und Friede.

Farmund, Fermund
althochdeutsch: fahren, reisen und Schutz.

Filibert
althochdeutsch: viel und glänzend.

Flodoard
germanisch: laut, althochdeutsch: Hüter.

Frank
althochdeutsch: der Franke.

Frankobert
althochdeutsch: Franke und glänzend.

Freimund
althochdeutsch: frei und Schutz.

Freimut
althochdeutsch: frei und Sinn.

Friedbert, Friedebert
althochdeutsch: Friede und glänzend.

Friedbald, Friedebald
althochdeutsch: Friede und kühn.

Friedeger, Friedger
althochdeutsch: Friede und Speer.

Friedemann, Friedmann
althochdeutsch: Friede und Mann.

Friedemar, Friedmar
althochdeutsch: Friede und berühmt.

Friedemund, Friedmund
althochdeutsch: Friede und Schutz.

Friedewald, Friedwald
althochdeutsch: Friede und walten, herrschen.

Friedewart, Friedward
althochdeutsch: Friede und hüten.

Friedhard
althochdeutsch: Friede und stark, hart.

Friedhelm
althochdeutsch: Friede und Helm.

Friedhold
althochdeutsch: Friede und walten, herrschen.

Friedhorst
althochdeutsch: Friede und Felsennest.

Friedlieb
althochdeutsch: Friede und Überbleibsel.

Friedrich
althochdeutsch: Schutz, Friede und Herrscher; *Nebenform:* Frederik; *Verkleinerungsform:* Fri(e)dolin; *Kurzformen:* Feddo, Fiete, Freddy, Freerik, Friddo, Frido, Fried, Friedel, Frieder, Fritz.

Frieso, Friso
alter deutscher Name: der aus dem Volksstamm der Friesen.

Frodebert
althochdeutsch: klug, weise und glänzend.

Frodegard
althochdeutsch: klug, weise und Hort, Schutz.

Frodeger
althochdeutsch: klug, weise und Speer.

Frodehild, Frohild
althochdeutsch: klug, weise und Kampf.

Frodemund, Fromund
althochdeutsch: klug, weise und Schutz.

Frodewin
althochdeutsch: klug, weise und Freund; *Nebenformen:* Frowein, Frowin.

Gandolf, Gandulf
altisländisch: Zauberei und althochdeutsch: Wolf.

Garlef, Garlof
althochdeutsch: Speer und Erbe.

Garlieb
althochdeutsch: Speer und lieb, gütig.

Gebhard
althochdeutsch: Gabe und hart; *Kurzform:* Gebbo.

Gerald, Gerold
althochdeutsch: Speer und walten, herrschen; *Nebenform:* Gerwald.

Gerbald, Gerbold
althochdeutsch: Speer und kühn.

Gerbert
althochdeutsch: Speer und glänzend.

Gerbod
althochdeutsch: Speer und Bote.

Gerborg, Gerburg
althochdeutsch: Speer und bergen.

Gerbrand
althochdeutsch: Speer und Waffe.

Gerfried
althochdeutsch: Speer und Friede.

Gerhard, Gerhart
althochdeutsch: Speer und hart; *Kurzformen:* Garrit, Geert, Gerke, Gerko, Gerrit.

Gerlach
althochdeutsch: Speer und lateinisch: Grenzzeichen.

Gerlieb
althochdeutsch: Speer und Überbleibsel; *friesische Form:* Gerlef.

Germar
althochdeutsch: Speer und berühmt; *Kurzform:* Germo.

Gernot
althochdeutsch: Speer und Gefahr.

Gerolf
althochdeutsch: Speer und Wolf.

Gerrik
althochdeutsch: Speer und reich.

Gervas, Gerwas
althochdeutsch: Speer und wachsen; französisch/englisch: Gervais.

Gerwig
althochdeutsch: Speer und Kampf.

Gerwin
althochdeutsch: Speer und Freund.

Gilbert
von Giselbert; althochdeutsch: glänzend.

Gildebert
althochdeutsch: zahlen und glänzend.

Gisbrand
althochdeutsch: Geisel und Brand.

Giselbert, Giselbrecht
erster Bestandteil Gisel- ist ungeklärt und althochdeutsch: bergen; *Kurzformen:* Gilbert, Gilbrecht, Gisbert, Gisbrecht.

Giselher
erster Bestandteil Gisel- ist ungeklärt und althochdeutsch: Herr.

Giselmar
erster Bestandteil Gisel- ist ungeklärt und althochdeutsch: berühmt; *Kurzformen:* Gilmar, Gismar.

Giselmund
erster Bestandteil Gisel- ist ungeklärt und althochdeutsch: Schutz; *Kurzformen:* Gismund, Gismut.

Gosbert
Stammesname der Goten und althochdeutsch: glänzend.

Goswin
Stammesname der Goten und althochdeutsch: Freund.

Gotmar
althochdeutsch: Gott und berühmt.

Gottbert
althochdeutsch: Gott und glänzend.

Gottfried
althochdeutsch: Gott und Friede; *Verkleinerungsform:* Friedel; *Kurzform:* Govert.

Gotthard
althochdeutsch: Gott und hart; *Nebenform:* Godehard.

Gotthelf, Gotthilf
althochdeutsch: dem Gott hilft.

Gotthelm
althochdeutsch: Gott und Helm.

Gottlieb
althochdeutsch: Gott und Überbleibsel.

Gottschalk
althochdeutsch: Gott und Knecht, Diener.

Gottwald
althochdeutsch: Gott und walten, herrschen.

Gottwin
althochdeutsch: Gott und Freund; *Nebenform:* Godwin.

Grimbert
altenglisch: Maske und althochdeutsch: glänzend.

Grimwald
altenglisch: Maske und althochdeutsch: walten, herrschen; *Nebenform:* Grimald.

Günter, Günther
althochdeutsch: Kampf und Heer; *Nebenformen:* Gunter, Gunther.

Gundolf
althochdeutsch: Kampf und Wolf.

Guntbert
althochdeutsch: Kampf und glänzend; *Nebenform:* Gombert.

Guntfried
althochdeutsch: Kampf und Friede.

Gunthard
althochdeutsch: Kampf und hart; *Nebenform:* Gontard.

Guntmar
althochdeutsch: Kampf und groß, berühmt.

Guntram
althochdeutsch: Kampf und Rabe.

Guntwin
althochdeutsch: Kampf und Freund.

Hadamar, Hademar
althochdeutsch: Kampf und berühmt.

Hademund
althochdeutsch: Kampf und Schutz.

Hadewin, Hadwin
althochdeutsch: Kampf und Freund; *Kurzform:* Hatto.

Hagen
althochdeutsch: der aus dem umfriedeten Land.

Harald
althochdeutsch: Heer und walten, herrschen; *Nebenform:* Harold.

Hariolf, Hariulf
althochdeutsch: Heer und Wolf.

Hartbert
althochdeutsch: hart und glänzend.

Hartfried
althochdeutsch: hart und Friede.

Hartger
althochdeutsch: hart und Speer.

Hartlef
althochdeutsch: hart und Erbe.

Hartlieb
althochdeutsch: hart und Überbleibsel.

Hartmann
althochdeutsch: hart und Mann.

Hartmut
althochdeutsch: hart und Sinn, Gemüt; *Kurzformen:* Hardi, Hardo, Hardy.

Hartwig
althochdeutsch: hart und Kampf.

Hartwin
althochdeutsch: hart und Freund.

Hasso
althochdeutsch: Hessen; *Nebenform:* Hesso; *Kurzform:* Hasko.

Heidbert
althochdeutsch: klar und glänzend.

Heiderich, Heidrich
althochdeutsch: klar und mächtig; *Kurzform:* Heider.

Heilmar
althochdeutsch: gesund und berühmt; *Kurzformen:* Heilko, Heilo.

Heilmut, Heilmuth
althochdeutsch: gesund und Sinn; *Kurzformen:* Heilko, Helle, Helmar,

Heilwig, Helwig
althochdeutsch: gesund und Kampf; *Kurzform:* Heilko.

Heimerich
althochdeutsch: Haus und Herrscher; *Kurzformen:* Haimo, Haymo, Heimo.

Heinrich
althochdeutsch: Einhegung und Herrscher, mächtig; *Nebenform:* Henrik; *Kurzformen:* Endrich, Endrik, Haiko, Heiko, Heiner, Heinke, Heinko, Heino, Heinz, Henner, Hennig, Henning, Henno, Henri, Hinnerk, Hinrich.

Helmfried
althochdeutsch: Helm und Frieden.

Helmut, Helmuth
althochdeutsch: Helm und Gemüt.

Helmward
althochdeutsch: Helm und Hüter.

Herbert, Heribert
althochdeutsch: Heer und glänzend; *Nebenformen:* Harbert, Haribert.

Herfried
althochdeutsch: Heer und Friede.

Hermann
althochdeutsch: Heer und Mann; *Nebenform:* Harmen.

Herold
althochdeutsch: Heer und walten; *Kurzform:* Hero.

Herwald
althochdeutsch: Heer und walten, herrschen; *Kurzform:* Herald.

Hildebert
althochdeutsch: Kampf, Waffe und glänzend; *Nebenformen:* Hilbert, Hilpert.

Hildebrand
althochdeutsch: Kampf und Waffe, Schwert.

Hildeger
althochdeutsch: Kampf und Speer; *Kurzform:* Hilger.

Hildemar
althochdeutsch: Kampf und berühmt; *Kurzform:* Hilmar.

Hildolf
althochdeutsch: Kampf und Wolf.

Hiltwin
althochdeutsch: Kampf und Freund.

Horant
althochdeutsch: hoher Schutzschild.

Hugbald
althochdeutsch: Gedanke und kühn.

Hugbert
althochdeutsch: Sinn, Verstand und glänzend; *Nebenformen:* Haubert, Hubert, Hugbald.

Humbert, Humbrecht
erster Bestandteil Hum- ist ungeklärt und althochdeutsch: glänzend.

Hunold
erster Bestandteil Hun- ist ungeklärt und althochdeutsch: walten, herrschen.

Ingobald
althochdeutsch: Name einer germanischen Stammesgottheit (Ingi) und kühn.

Ingobert
althochdeutsch: Name einer germanischen Stammesgottheit (Ingi) und glänzend; *Nebenform:* Ingbert.

Ingold
althochdeutsch: Name einer germanischen Stammesgottheit (Ingi) und glänzend.

Ingolf
althochdeutsch: Name einer germanischen Stammesgottheit (Ingi) und Wolf.

Ingomar
althochdeutsch: Name einer germanischen Stammesgottheit (Ingi) und groß, berühmt; *Nebenformen:* Ingemar, Ingmar.

Ingram
althochdeutsch: Name einer germanischen Stammesgottheit und Rabe; *Nebenform:* Ingraban.

Ingwald
althochdeutsch: Ingi (germanischer Stammesgott) und walten, herrschen.

Ingward
althochdeutsch: Ingi (germanischer Stammesgott) und Hüter.

Ingwin
althochdeutsch: Name einer germanischen Stammesgottheit und Freund.

Irmbert
althochdeutsch: groß, allumfassend und glänzend; *Nebenform:* Ermenbert.

Irmfried
althochdeutsch: groß, allumfassend und Friede; *Nebenform:* Ermenfried.

Isbert
althochdeutsch: Eisen und glänzend.

Isfried
althochdeutsch: Eisen und Friede.

Isger
althochdeutsch: Eisen und Speer.

Ismar
althochdeutsch: Eisen und groß, berühmt.

Karl, Carl
althochdeutsch: Mann, Ehemann, Kerl.

Klodwig
althochdeutsch: berühmt und Krieg.

Konrad, Conrad
althochdeutsch: kühn, tapfer und Rat(geber); *Kurzformen:* Conni, Conny, Cord, Kord; *Weiterbildung:* Konradin; *italienisch:* Corrado.

Kunibert
althochdeutsch: Geschlecht, Sippe und glänzend.

Lambert, Lambrecht
althochdeutsch: Land und glänzend; *Nebenform:* Lamprecht; *Kurzform:* Lando.

Landewin, Landwin
althochdeutsch: Land und Freund; *Nebenformen:* Landuin, Lantwin.

Landolf, Landulf
althochdeutsch: Land und Wolf; *Kurzform:* Lando.

Landolt
althochdeutsch: Land und walten, herrschen.

Laurin
althochdeutsch: vom Lorbeerbaum.

Leonard, Leonhard
althochdeutsch: Löwe und stark, fest; *Nebenformen:* Lennard, Lienard.

Leopold
althochdeutsch: Volk und kühn; *Nebenformen:* Luitbald, Luitpold; *Kurzform:* Poldi.

Leupman
althochdeutsch: lieb und Mann.

Liebfried
althochdeutsch: lieb und Friede.

Liebegard, Liebgard
althochdeutsch: lieb und Hort, Schutz.

Liebhard
althochdeutsch: lieb und kräftig.

Liebwald
althochdeutsch: lieb und walten, herrschen.

Liebward
althochdeutsch: lieb und Hüter.

Litthard
althochdeutsch: Volk und hart.

Liebwin
althochdeutsch: lieb und Freund; *Kurzformen:* Levin, Lewin.

Lotar, Lothar
althochdeutsch: laut und Heer; *Nebenform:* Lüder.

Ludwig
althochdeutsch: berühmt und Kampf, Krieg; *Nebenform:* Ladewig.

Luitbert
althochdeutsch: Volk und glänzend; *Nebenform:* Luitbrecht.

Luitfried
althochdeutsch: Volk und Friede.

Luitgard
althochdeutsch: Volk und Hort, Schutz.

Luitger
althochdeutsch: Volk und Speer; *Nebenform:* Ludger.

Luithard
althochdeutsch: Volk und hart.

Luither
althochdeutsch: Volk und Heer.

Luitmar, Lutmar
althochdeutsch: Volk und Freund.

Luitolf
althochdeutsch: Volk und Wolf; *Nebenformen:* Ludolf, Luidolf.

Luitwin
althochdeutsch: Volk und Freund.

Manfred
althochdeutsch: Mann und Friede.

Mangold
althochdeutsch: viel und herrschen.

Manhard
althochdeutsch: Mann und hart.

Marbert
althochdeutsch: Pferd und glänzend.

Marbod
althochdeutsch: Pferd und Bote.

Marhold
althochdeutsch: Pferd und walten, herrschen.

Markhart
althochdeutsch: Grenze und hart.

Markolf
althochdeutsch: Grenze und Wolf.

Markward
althochdeutsch: Grenzhüter; *Kurzform:* Marko; *Nebenform:* Marquard.

Medard
althochdeutsch: Macht und hart.

Meinald
althochdeutsch: Kraft und herrschen; *Nebenformen:* Meinhold, Meinold; *Kurzform:* Meino.

Meinard, Meinhard
althochdeutsch: Kraft und hart; *Kurzform:* Meino.

Meinbod
althochdeutsch: Macht und Bote.

Meinfried
althochdeutsch: Macht und Friede.

Meinolf, Meinulf
althochdeutsch: Kraft und Wolf.

Meinrad
althochdeutsch: Kraft und Ratschlag.

Meinwald
althochdeutsch: Macht und walten, herrschen.

Meinward
althochdeutsch: Macht und Hüter.

Mombert, Mombrecht
germanisch: Geist, Wille und althochdeutsch: glänzend; *Kurzformen:* Momme, Mumme.

Nandolf
germanisch: kühn und Wolf.

Nantwig
germanisch: gewagt und althochdeutsch: Kampf.

Nantwin
germanisch: gewagt und althochdeutsch: Freund.

Neidhard, Neidhart
althochdeutsch: feindselige Gesinnung und hart.

Nonfried
germanisch: kühn und Friede.

Norbert
althochdeutsch: Norden und glänzend.

Nordwin, Norwin
althochdeutsch: Norden und Freund.

Norfried
althochdeutsch: Norden und Frieden.

Norman, Normann
althochdeutsch: Mann aus dem Norden.

Notger, Notker
althochdeutsch: Gefahr und Speer (Umkehrung von Gernot).

Oldwig
althochdeutsch: edel, vornehm und Kampf.

Oltman
althochdeutsch: bewährt und Mann.

Ortlieb
althochdeutsch: Spitze einer Waffe und Überbleibsel.

Ortnit
althochdeutsch: Spitze einer Waffe und Zorn.

Ortolf, Ortulf
althochdeutsch: Spitze einer Waffe und Wolf.

Ortwald
althochdeutsch: Spitze einer Waffe und walten, herrschen.

Ortwin
althochdeutsch: Spitze einer Waffe und Freund.

Osbert
germanisch: Gott und althochdeutsch: glänzend.

Oskar
germanisch: Gott und althochdeutsch: Speer.

Osmar
germanisch: Gott und althochdeutsch: berühmt; *Nebenform:* Usmar.

Osmund
germanisch: Gott und althochdeutsch: Schutz.

Oswald
germanisch: Gott und althochdeutsch: herrschen.

Oswin
germanisch: Gott und althochdeutsch: Freund.

Otfried
germanisch: Besitz, Reichtum und althochdeutsch: Friede.

Otmar
germanisch: Besitz, Reichtum und althochdeutsch: berühmt; *Nebenformen:* Andomar, Edmar, Odemar, Odomar, Othmar, Ottmar, Ottomar.

Otmund
althochdeutsch: Besitz und Schutz der Unmündigen.

Ottokar
germanisch: Besitz, Reichtum und althochdeutsch: wachsam, munter.

Otwald
germanisch: Besitz, Reichtum und althochdeutsch: herrschen.

Otwin
germanisch: Besitz, Reichtum und althochdeutsch: Freund; *Nebenform:* Odwin.

Raban
althochdeutsch: Rabe.

Radolf, Radulf
althochdeutsch: Rat und Wolf.

Raimund, Reimund
germanisch: Rat, Beschluß und althochdeutsch: Rechtsschutz; *Nebenform:* Reimond.

Rainer, Reiner
germanisch: Rat, Beschluß und althochdeutsch: Heer.

Rambald, Rambold
althochdeutsch: Rabe und kühn; *Kurzform:* Rambo.

Rambert
althochdeutsch: Rabe und glänzend.

Rambod
althochdeutsch: Rabe und Bote.

Randolf, Randulf
althochdeutsch: Schild und Wolf; *Kurzform:* Rando; *englisch:* Randal.

Randwig, Rantwig
althochdeutsch: Schild und Kampf.

Ratbald, Ratbold
althochdeutsch: Rat und kühn; *Kurzform:* Rasso.

Ratbert
althochdeutsch: Rat und glänzend; *Nebenform:* Rappert.

Ratbod
althochdeutsch: Rat und Bote; *Kurzformen:* Rappo, Rasso.

Ratfried
althochdeutsch: Rat und Friede.

Ratger
althochdeutsch: Rat und Speer.

Rathard
althochdeutsch: Rat und hart.

Rathold
althochdeutsch: Rat und herrschen.

Ratmar
althochdeutsch: Rat und berühmt.

Ratward
althochdeutsch: Rat und Hüter.

Reimar, Reimer
germanisch: Rat, Beschluß und althochdeutsch: berühmt; *Nebenformen:* Raimar, Raimer, Reinmar.

Reimbald, Reimbold
germanisch: Rat, Beschluß und althochdeutsch: kühn; *Nebenformen:* Reinbald, Reinbold; *Kurzformen:* Raimo, Reimo.

Reimbert, Reimbrecht
germanisch: Rat, Beschluß und althochdeutsch: glänzend; *Nebenformen:* Reinbert, Rembert, Rimbert, *Kurzformen:* Raimo, Reimo.

Reimbod
althochdeutsch: Rat und Bote.

Reinfried
germanisch: Rat, Beschluß und althochdeutsch: Friede.

Reingard
germanisch: Rat, Beschluß und Hort, Schutz.

Reinhard
germanisch: Rat, Beschluß und althochdeutsch: hart; *friesische Kurzform:* Rendert.

Reinhold, Reinold
germanisch: Rat, Beschluß und althochdeutsch: herrschen; *Nebenformen:* Rainald, Reinald; *Kurzform:* Holdo.

Reinmar
althochdeutsch: Rat und berühmt.

Reinulf
althochdeutsch: Rat und Wolf.

Reinwald
althochdeutsch: Rat und walten, herrschen.

Reinward
althochdeutsch: Rat und Hüter.

Richard
althochdeutsch: mächtig und stark; *Nebenformen:* Reichard, Ridzard.

Richbert
althochdeutsch: mächtig und glänzend.

Richmar
althochdeutsch: mächtig und berühmt; *Nebenform:* Rickmer.

Rigobert
althochdeutsch: mächtig und glänzend.

Riklef
althochdeutsch: mächtig und Überbleibsel.

Ringolf
althochdeutsch: Rat und Wolf.

Robert
germanisch: Ruhm und althochdeutsch: glänzend.

Rodebrecht
althochdeutsch: Ruhm und glänzend; *Kurzform:* Robrecht.

Roderich
germanisch: Ruhm, Preis und althochdeutsch: mächtig und reich.

Rodewald
germanisch: Ruhm und Preis und althochdeutsch: herrschen.

Roland
germanisch: Ruhm und althochdeutsch: wagemutig.

Roswin
althochdeutsch: Pferd und Freund.

Rother
germanisch: Ruhm, Preis und althochdeutsch: Heer.

Rüdiger
germanisch: Ruhm, Preis und althochdeutsch: Speer; *Nebenformen:* Roger, Rodger.

Rudibert
althochdeutsch: Ruhm und glänzend.

Rudmar, Rutmar
althochdeutsch: Ruhm und berühmt.

Rudolf
germanisch: Ruhm und alt hochdeutsch: Wolf; *Kurzform:* Rulke.

Rumold, Rumolt
althochdeutsch: Lob, Ruhm und herrschen; *Nebenform:* Romuald.

Rupert
germanisch: Ruhm, Preis und althochdeutsch: glänzend; *Nebenform:* Ruprecht.

Ruthard
germanisch: Ruhm, Preis und althochdeutsch: hart.

Rutlieb
germanisch: Ruhm, Preis und althochdeutsch: Überbleibsel.

Siegbald
althochdeutsch: Sieg und kühn; *Nebenformen:* Sebald, Sebold, Seibold, Siebold, Siegbold; *Kurzformen:* Baldus, Baltus, Sieto, Sebe.

Siegbert
althochdeutsch: Sieg und glänzend; *Nebenform:* Sigisbert.

Siegbod, Sigbot
althochdeutsch: Sieg und Bote.

Siegerich, Siegrich
althochdeutsch: Sieg und mächtig; *Kurzform:* Sierk.

Siegfried
althochdeutsch: Sieg und Friede; *ältere Form:* Sigfried.

Sieghard
althochdeutsch: Sieg und hart.

Siegmar
althochdeutsch: Sieg und berühmt.

Siegmund, Sigmund
althochdeutsch: Sieg und Schutz; *Nebenformen:* Seibold, Sigismund.

Siegolf, Siegulf
althochdeutsch: Sieg und Wolf.

Siegram
althochdeutsch: Sieg und Rabe.

Siegrat
althochdeutsch: Sieg und Ratgeber.

Siegrich
althochdeutsch: Sieg und mächtig.

Siegwald, Siegwolt
althochdeutsch: Sieg und herrschen; *Nebenform:* Sigiswald; *Kurzform:* Sinold.

Siegward, Siegwart
althochdeutsch: Sieg und Hüter.

Siegwin
althochdeutsch: Sieg und Freund.

Sintram
althochdeutsch: Weg, Reise und Rabe.

Swidbert, Swindbert
althochdeutsch: stark, geschwind und glänzend.

Swidger, Swindger
althochdeutsch: stark, geschwind und Speer.

Teut
althochdeutsch: das Volk.

Theodulf
althochdeutsch: Volk und Wolf.

Thietmar
alter deutscher Name; Nebenform von Dietmar; *Kurzform:* Thiemo.

Trauthelm
althochdeutsch: Kraft und Helm.

Trautmar
althochdeutsch: Kraft und berühmt.

Trautwin
althochdeutsch: Kraft und Freund.

Trudbert
althochdeutsch: Kraft und glänzend.

Trudwin, Trutwin
althochdeutsch: Kraft und lieb; *Nebenform:* Trautwein.

Udalbert
althochdeutsch: Erbgut und glänzend.

Uhland, Uland
althochdeutsch: Heimat und Land.

Ulfried
althochdeutsch: Erbgut, Heimat und Friede; *Kurzform:* Ulfert.

Ulrich
althochdeutsch: Erbgut, Heimat und Herrscher; *nordisch:* Ulrik.

Vilmar
althochdeutsch: der Vielberühmte.

Volkbert
althochdeutsch: Volk und glänzend; *Nebenformen:* Fulbert, Volbert, Volbrecht.

Volker, Volkher
althochdeutsch: Volk und Heer.

Volkhard
althochdeutsch: Volk und hart; *Nebenformen:* Volhard, Volkard, Volkart, Volkert; *Kurzform:* Volko.

Volkmar
althochdeutsch: Volk und berühmt; *Nebenform:* Volmar; *Kurzform:* Volko.

Volkrad, Volkrat
althochdeutsch: Volk und Ratschlag; *Nebenformen:* Vollrad, Vollrat, Volrat.

Volkram
althochdeutsch: Volk und Rabe.

Volkwald
althochdeutsch: Volk und walten, herrschen.

Volkward, Volkwart
althochdeutsch: Volk und Hüter; *Nebenform:* Volquart.

Volkwin
althochdeutsch: Volk und Freund.

Waldebert
althochdeutsch: herrschen und glänzend; *Nebenform:* Walbert.

Waldemar, Waldomar
althochdeutsch: herrschen und berühmt; *Kurzform:* Waldo.

Walfried
althochdeutsch: herrschen und Friede.

Walo
althochdeutsch: Welscher.

Walter, Walther
althochdeutsch: walten und Heer; *Nebenform:* Wolter.

Walthard
althochdeutsch: walten, herrschen und hart.

Waltram
althochdeutsch: herrschen und Rabe; *Nebenformen:* Walram, Walraf.

Warand, Warant
althochdeutsch: wehren.

Warmund
althochdeutsch: wehren und Schutz.

Wasmut
althochdeutsch: wachsam und Gemüt; *Nebenform:* Wasmot.

Welf
althochdeutsch: Tierjunges, junger Hund.

Welfhard
althochdeutsch: junger Hund und hart.

Wendelbert
germanischer Stammesname der Vandalen und althochdeutsch: glänzend; *Kurzformen:* Wendel, Wendelin.

Wendelmar
germanischer Stammesname der Vandalen und althochdeutsch: berühmt; *Kurzformen:* Wendel, Wendelin.

Werner, Wernher
germanischer Stammesname der Warnen und althochdeutsch: Heer; *Kurzform:* Werno; *Koseform:* Werni.

Wernfried
germanischer Stammesname der Warnen und althochdeutsch: Friede.

Werngard
althochdeutsch: wehren und Schutz.

Wernhard
germanischer Stammesname der Warnen und althochdeutsch: hart.

Wichard
althochdeutsch: Kampf und hart; *Nebenform:* Wighard; *jüngere Form:* Weikhard; *Kurzform:* Weert.

Widar
althochdeutsch: Wald und Kriegsvolk.

Widukind
althochdeutsch: Wald und Kind; *Nebenform:* Wedekind; Wittekind.

Wigbald, Wigbold
althochdeutsch: Kampf und kühn; *Nebenform:* Wibald.

Wigbert, Wigbrecht
althochdeutsch: Kampf und glänzend; *Nebenformen:* Wibert, Wipert, Wiprecht; *Kurzform:* Wiggo.

Wigbrand
althochdeutsch: Kampf und Brand.

Wighard
althochdeutsch: Kampf und hart.

Wigmar, Wimar
althochdeutsch: Kampf und berühmt.

Wigmund
althochdeutsch: Kampf und Schutz.

Wignand, Winand
althochdeutsch: Kampf und kühn; *Nebenformen:* Wienand, Wiegand, Wigand.

Wilfried
althochdeutsch: Wille und Friede.

Wilhard
althochdeutsch: Wille und hart.

Wilhelm
althochdeutsch: Wille und Helm; *Kurzformen:* Helmke, Helmko, Helmo, Wilko; Will, Willi, Willo, Willy.

Willegis, Willigis
althochdeutsch: Wille, zweiter Bestandteil -gis ist ungeklärt.

Willeram, Williram
althochdeutsch: Wille und Rabe.

Willibald
althochdeutsch: Wille und kühn.

Willibert
althochdeutsch: Wille und glänzend; *Nebenform:* Wilbert.

Willimar, Willmar, Wilmar
althochdeutsch: Wille und berühmt; *Nebenform:* Welmer.

Wilmont
althochdeutsch: Wille und Schutz.

Wilmut
althochdeutsch: Wille und Gemüt.

Winald, Winold
althochdeutsch: Freund und walten, herrschen.

Winfried
althochdeutsch: Freund und Friede.

Winibald
althochdeutsch: Freund und kühn.

Winibert
althochdeutsch: Freund und glänzend.

Winimar, Winnimar
althochdeutsch: Freund und berühmt; *Nebenformen:* Wennemar, Winemar, Winmar.

Winrich
althochdeutsch: Freund und Herrscher.

Witiko
althochdeutsch: Wald und Gefolgsmann.

Witold
althochdeutsch: Wald und walten, herrschen.

Wolfgang
althochdeutsch: Wolf und Gang, Waffengang, Streit; Umkehrung von Gandolf und Gangolf.

Wolfger
althochdeutsch: Wolf und Speer.

Wolfhard, Wolfhart
althochdeutsch: Wolf und hart; *Nebenform:* Ulfhard, *friesische Kurzformen:* Olfert, Ulfert.

Wolfhelm
althochdeutsch: Wolf und Helm.

Wolfrad
althochdeutsch: Wolf und Ratschlag; *Nebenform:* Wolrad.

Wolfram
althochdeutsch: Wolf und Rabe.

Wunibald, Wunnibald
althochdeutsch: Freude und kühn.

Wunibert
althochdeutsch: Freude und glänzend.

Italienische und spanische Namen

Weibliche

Aldona
italienisch; weibliche Form zu Aldo.

Alessandra
italienische Form von Alexandra; *Kurzform:* Alessa.

Alma
spanisch: die Nährende, Segenspendende.

Amada
romanische Ableitung von amare: die Liebenswürdige.

Angelina
italienisch: Engelchen, die Engelhafte.

Ana
spanische Form von Anna.

Anita
spanische Koseform von Anna oder Kurzform von Juanita.

Annunziata
italienisch: die Angekündigte (Mariä Verkündigung); *Kurzform:* Nunzia.

Antonella, Antonina
italienische Koseformen von Antonia.

Arietta
italienisch: das Liedchen.

Armanda
italienische Form von Hermanna.

Armida, Armide
wie Armina, Armine und Arminia Nebenformen von Armanda.

Assunta
italienisch: die (in den Himmel) Aufgenommene.

Balene
baskische Form von Valeriane.

Bella
italienisch und spanisch: die Schöne.

Benate
baskische Form von Bernarda.

Benedetta
italienische Form von Benedikta.

Benita
spanische Form von Benedikta.

Bianca, Bianka
italienisch: die Weiße.

Bionda
italienisch: die Blonde.

Blanca, Blanka
spanisch: die Weiße.

Bonita
spanisch: die Schöne.

Carina, Karina
italienisch: hübsch, lieb.

Carlota
spanische Form von Charlotte.

Carlotta
italienische Form von Charlotte.

Carmen
spanisch: gekürzt aus Virgen del Carmen, Jungfrau vom Berge Karmel; *Nebenformen:* Carmela, Carmina.

Caterina
italienische Form von Katharina.

Celestina
italienische Form von Céleste.

Chiara
italienische Form von Klara.

Cinzia
italienische Form von Cynthia.

Cita
italienisch: die Hurtige.

Concepción
spanisch: die Empfangende; *Kurzformen:* Concha, Conchita.

Concetta
italienisch: die Empfangene.

Consuela
spanisch: die Tröstende.

Daniella
italienische weibliche Form zu Daniel.

Dolores
spanisch: gekürzt aus Nuestra Señora de los Dolores = schmerzensreiche Mutter.

Domenica
italienische Form von Domenika.

Donatella
italienische weibliche Form zu Donatus.

Dorinda
italienische Form von Dorothea.

Egia
baskisch: die Wahrheit.

Elena
italienische Form von Helene.

Elisabetta
italienische Form von Elisabeth.

Elvira
spanisch; Bedeutung ist nicht geklärt.

Enrica
weibliche Form zu Enrico.

Esmeralda
spanisch: der Smaragd.

Estrella
spanisch: der Stern; *ältere Form:* Estella.

Evita
spanische Koseform von Eva.

Ferdinande
weibliche Form zu Ferdinand.

Filippa
italienische Form zu Philippa.

Finia
baskisch: die Zärtliche.

Fiorella
italienisch; Weiterbildung von Fiore.

Fiorenza
italienische Form von Florenze.

Fioretta
Weiterbildung von Fiore.

Fiorina
italienisch: Blümchen.

Flavia
weibliche Form zu Flavius (Flavio).

Francesca
weibliche Form zu Francesco.

Galdina
weibliche Form zu Galdo; Kurzform von Gherardo (Gerhard).

Gilda
italienisch; Bedeutung ist unbekannt; *Nebenform:* Gitta.

Giovanna
italienische Form von Johanna; *Kurzform:* Gianna; *Koseform:* Giannina.

Gracia
spanische Form von Grazia.

Graziella
italienische Form zu Gratia.

Griselda, Griseldis
italienisch; Bedeutung ist nicht bekannt.

Guillerma
spanische Form von Wilhelmine.

Imelda
spanisch.

Inés
spanische Form von Agnes.

Isabel, Isabella
spanische und italienische Form von Elisabeth.

Juana
spanische Form von Johanna; *Koseform:* Juanita.

Karia
baskisch.

Laura
italienische Kurzform von Laurentia.

Lolita
spanische Koseform von Lola.

Lorenza
italienische Form von Laurentia.

Lucia
italienische Form von Luzia.

Madalena
Weiterbildung von Magdalena.

Mafalda
Weiterbildung von Mathilde.

Margherita, Marghitta
italienische Formen von Margarete.

Mariella
italienische Koseform von Maria.

Marietta, Maritta
italienische Koseformen von Maria.

Marina
italienische Weiterbildung von Maria oder weibliche Form von Marinus; *Nebenform:* Marinella.

Marisa
italienischer Doppelname aus Maria und Elisa oder Lisa (Elisabeth).

Marita
spanische Koseform von Maria.

Maurizia
weibliche Form zu Mauritius.

Mercedes
spanische Form aus dem Lateinischen »Maria de mercedes redemptionis captivorum«: Maria von der Gnade der Gefangenenerlösung.

Micaela
italienische und spanische Form von Michaela.

Milva
italienisch: Taubenfalke.

Mirabella
italienisch: die Wunderbare; *Kurzformen:* Mirella, Mira.

Monica
italienische Form von Monika.

Morena
italienisch: die Schwarze.

Nicola
italienische Form von Nicole; *Verkleinerungsform:* Nicoletta.

Norina
italienische Weiterbildung von Nora.

Nuria
spanischer Name; abgeleitet von einem Muttergottesbild (Nuestra Señora de Nuria) in Nuria.

Orella
baskische Form von Aurelia.

Ornella
italienisch: Esche.

Palmira
italienisch; abgeleitet vom kirchlichen Palmfest (Palmarum).

Paloma
spanisch: Taube.

Paola
italienische Form von Paula.

Pepita
spanische Koseform von Josepha.

Piera
italienisch; weibliche Form zu Piero.

Pilar
spanische Kürzung von Virgen de Pilar = Jungfrau (Maria) vom Pfeiler; spanisch: Pfeiler.

Ramona
spanische weibliche Form zu Raimund.

Riccarda
italienische Form von Richarda; *Kurzform:* Karda.

Rita
italienische Kurzform von Margherita (Margarete) oder von Maritta.

Rosabella
italienisch: schöne Rose.

Rosalba
italienisch: weiße Rose.

Rosalia, Rosalie
Weiterbildung von Rosa.

Rosita
spanische Koseform von Rosa.

Rossana
italienische Form von Roxane.

Sandra
italienische Kurzform von Alexandra; *Verkleinerungsform:* Sandrina.

Talesia
baskische Form von Alesia (Alicia).

Teresa
spanische Form von Therese.

Tiziana
italienische Form von Lätizia; *Kurzform:* Tizia.

Tosca, Toska
italienisch: die Toskanerin.

Violetta
italienische Verkleinerungsform von Viola; *Kurzform:* Letta.

Männliche

Alberto
italienische Form von Albert.

Aldo
italienische Kurzform von Adalbrand.

Alessandro
italienische Form von Alexander.

Alfonso
spanische und italienische Form von Alfons.

Alvaro
spanische Form von Alawart.

Amerigo, Emerico
italienische Form von Amalrich.

Aniko
baskisch.

Angelo, Angelino
italienische Form von Angelus.

Antonio
italienische Form von Anton.

Araldo
italienische Form von Harold.

Armando
italienische Form von Hermann.

Arturo
italienische Form von Artur.

Benedetto
italienische Form von Benedikt.

Benito
italienische/spanische Form von Benedikt.

Beppo
italienische Kurzform von Guiseppe (Joseph).

Carlo
italienische Form von Karl.

Carlos
spanische Form von Karl.

Cesare
italienische Form von Cäsar.

Che
spanisch: eigentlich Zuruf He! Hallo!

Claudio
italienische Form von Claudius.

Cristobal
spanische Form von Christoph.

Dario
italienische Form von Darius.

Demenico, Domenico
italienische Form von Dominikus.

Diego
spanische Form von Jakob.

Dino
italienische Kurzform von Zusammensetzungen mit -dino.

Domingo
spanische Form von Dominikus.

Donato, Donatello
italienische Form von Donatus.

Elmo
italienische Kurzform von Erasmus.

Emilio
italienische Form von Emil.

Enrico
italienische Form von Heinrich; *Kurzformen:* Enzio, Enzo.

Eraldo
italienische Form von Harald.

Ernesto
italienische Form von Ernst; *Kurzform:* Erno.

Erwino
italienische Form von Erwin.

Esteban
spanische Form von Stephan.

Ezzo
italienische Kurzform von Adolfo (Adolf).

Fabio
italienische und spanische Form von Fabius.

Fausto
italienische Form von Faustus.

Federico
italienische Form von Friedrich.

Federigo
spanische Form von Friedrich.

Felice
italienische Form von Felix.

Felipe
spanische Form von Philipp.

Ferdinand
spanisch: kühner Schützer; *Kurzformen:* Ferdi, Nanno; *italienisch:* Fernando.

Fernando
italienische Form von Ferdinand.

Fidelio
italienische Form von Fidelius.

Filippo
italienische Form von Philipp.

Fiorenzo
italienische Form von Florens.

Flavio
italienisch; zurückgehend auf Flavius.

Francesco
italienische Form von Franziskus; *Kurzform:* Franko.

Furio
italienisch: Begeisterung.

Gasparo, Gaspare
italienische Form von Kaspar.

Gherardo
italienische Form von Gerhard.

Giacomo
italienische Form von Jakob.

Gian
italienisch-schweizerische Form von Johann.

Giordano
italienische Form von Jordan.

Giorgio
italienische Form von Georg.

Giovanni
italienische Form von Johannes; *Kurzformen:* Gianni; Nino.

Giraldo
italienische Form von Gerald.

Giuliano
italienische Form von Julius; *Kurzform:* Giulio.

Giuseppe
italienische Form von Joseph.

Guglielmo
italienische Form von Wilhelm.

Guido
italienische Form von Witold.

Gustavo
spanische Form zu Gustav.

Hernando
spanische Nebenform von Ferdinand.

Jago, Jaime
italienische und spanische Formen von Jakob.

José
spanische Form von Joseph.

Juan
spanische Form von Johann.

Leonardo, Lionardo
italienische Form von Leonhard.

Leone
italienische Form von Leo.

Lorenzo
italienische Form von Lorenz; *Kurzform:* Renzo.

Luciano
italienisch.

Ludovico, Luigi
italienische Form von Ludwig.

Luigi
italienische Form von Ludwig; *Kurzform:* Gino.

Luis
spanische Form von Ludwig.

Manuel
spanische Form von Emanuel; *Koseformen:* Manolito, Manolo.

Marcello
italienische Form von Marcellus.

Marco
italienische und spanische Form von Markus.

Marino
italienische Form von Marinus.

Mario
italienische Form von Marius.

Martino
italienische Form von Martin.

Masimo
italienische Kurzform von Thomas.

Matteo, Mattia
italienische Formen von Matthias.

Mauricio
italienische Form von Moritz.

Maximo
italienische und spanische Form von Maximilian.

Michele
italienische Form von Michael.

Miguel
spanische Form von Michael.

Niccolò
italienische Form von Nikolaus; *Verkleinerungsform:* Nicoletto; *Kurzform:* Nico.

Nicolás
spanische Form von Nikolaus.

Oliviero
italienische Form von Oliver.

Orlando
italienische und spanische Form von Roland.

Pablo
spanische Form von Paul.

Paco
spanische Kurzform von Francisco.

Pancho
spanische Kurzform von Francisco.

Paolo
italienische Form von Paul.

Pedro, Perez
spanische Formen von Peter.

Pepe
spanische Kurzform von Joseph.

Peppo
italienische Kurzform von Giuseppe (Joseph); *Koseform:* Peppi.

Piero, Pietro
italienische Formen von Peter.

Ramón
spanische Form von Raimund.

Raúl
spanische Form von Radolf.

Remo
italienische Form von Remus.

Renato
italienische Form von Renatus.

Riccardo
italienische Form von Richard.

Rinaldo
italienische Form von Reinold.

Roberto
italienische Form von Robert.

Rodolfo
italienische Form von Rudolf.

Rodrigo
spanische Form von Roderich.

Sabin, Sabino, Savino
italienische/spanische Form zum lateinischen Sabinus: der Sabiner.

Salvatore
italienische Form von Salvator.

Sandro
italienische Kurzform von Alexander.

Sergio
italienische Form von Sergius.

Silvio
italienische und spanische Form von Silvius.

Tebaldo
italienische Form von Theobald.

Tommaso
italienische Form von Thomas.

Ugo
italienische Form von Hugo.

Umberto
italienische Form von Humbert.

Vasco
spanisch/portugiesisch: der Baske.

Vicco, Vico
italienische Kurzform von Zusammensetzungen mit -vico, wie z. B. Ludovico (Ludwig).

Vittorio
italienische Form von Viktor.

Xavier
spanisch; nach dem Heiligen Franz Xaver. *Nebenform:* Javier.

Französische Namen

Weibliche

Adelaide
französische Form von Adelheid.

Adèle
französische Form von Adela; *Weiterbildung:* Adeline.

Adrienne
französische Form von Adriane.

Aimée
französische Form von Amata.

Amélie
französische Form von Amalie.

Andrée
französische Form von Andrea.

Angèle
französische Form von Angela.

Angélique
französische Form von Angelika.

Antoinette
französische Verkleinerungsform von Antonia.

Ariane
französische Form von Ariadne.

Arlette
Bedeutung ist unbekannt.

Babette, Babett
französische Verkleinerungsform von Barbara oder Elisabeth.

Barbe
französische Form von Barbara.

Bastienne
französische weibliche Form von Bastian.

Belina
weibliche Form zu Belin.

Bernardette
französische Verkleinerungsform von Bernharde.

Blanche
französisch: die Weiße.

Bluette
französisch: Kornblume.

Cathérine
französische Form von Katharina.

Chantal
französisch: Gesang.

Charlotte
Weiterbildung von Charles (Karl); *Kurzformen:* Lotte, Lotti.

Claire
französische Form von Klara.

Claretta
Weiterbildung von Clara.

Claudine
französische Form von Claudia; *Verkleinerungsform:* Claudette.

Colette
französische Form von Nicoletta.

Corinne
französische Form von Korinna.

Cornélie
französische Form von Cornelia.

Danielle
französische weibliche Form zu Daniel; *Kurzform:* Dany.

Denise
weibliche Form zu Denis.

Désirée
französische Form von Desideria.

Dominique
französische Form von Domenika.

Dorette
französische Verkleinerungsform von Dorothée.

Dorothée
französische Form von Dorothea.

Eliane
französische weibliche Form von Elias.

Estelle
französische Form von Estrella.

Étiennette
französische Form von Stephanie.

Fleur
französische Form von Flora; *Verkleinerungsform:* Fleurette.

Florence
französische Form von Florenze.

Francine, Franzine
französisch: die Fränkin.

Françoise
französische Form von Franziska.

Geneviève
französische Form von Genoveva; *Kurzform:* Ginetta.

Georgia
weibliche Form zu Georges; *Verkleinerungsform:* Georgetta, Georgette; *Weiterbildung:* Georgine.

Germaine
französischer Name aus dem Lateinischen: germana (Schwester).

Hélène
französische Form von Helene.

Isabelle
französische Form von Isabella.

Jaqueline
französische weibliche Form zu Jaques.

Jeanne
französische Form von Johanna; *Verkleinerungsform:* Jeanette; *Kurzformen:* Netti, Netty; *Weiterbildung:* Jeanine.

Julienne
französische Form von Juliana.

Juliette
französische Verkleinerungsform von Julia.

Laure
französische Form von Laura.

Laurette
Verkleinerungsform von Laura.

Leonie
weibliche Bildung zu Léon.

Linette
französische Form von Lina.

Lisette
französische Verkleinerungsform von Elisabeth.

Lisiane, Lysianne
französische Weiterbildung von Lise.

Lionne
weibliche Form zu Léon.

Louise
weibliche Form zu Louis.

Lucienne
weibliche Form zu Lucien.

Madeleine
französische Form von Magdalena.

Manon
französische Koseform von Maria.

Marguerite
französische Form von Margarete; *Nebenform:* Margot.

Marie
französische Form von Maria.

Marion
französische Namensbildung zu Maria.

Martine
französische Form von Martina.

Michèle
französische Form von Michaela; *Weiterbildung:* Micheline; *Nebenform:* Michelle.

Mignon
französisch: zart, niedlich.

Mireille
französische Form von Mirella.

Monique
französische Form von Monika.

Nana
französische Kurzform von Anna.

Nanette
französische Verkleinerungsform von Anne.

Nicole, Nicolle
französische weibliche Formen zu Nicolas; *Verkleinerungsform:* Nicolette.

Ninette
französische Verkleinerungsform von Nina.

Ninon
französische Bildung zu Nina.

Noëlle
weibliche Form zu Noël.

Odette
französische Verkleinerungsform von Oda.

Odile
französische Form von Odilie.

Pascale
weibliche Form zu Pascal.

Patrice
französische Form von Patrizia.

Paulette
französische Verkleinerungsform von Paula.

Renée
französische weibliche Form zu René.

Simone
französische weibliche Form zu Simon; *Verkleinerungsform:* Simonette.

Suzanne
französische Form von Susanne; *Verkleinerungsform:* Susette.

Thérèse
französische Form von Therese.

Victorine, Viktorine
französische Weiterbildungen zu Viktor.

Virginie
französische Form von Virginia.

Viviane
französisch: Dame vom See.

Yvonne, Ivonne
weibliche Form von Yvon; *Verkleinerungsformen:* Ivette, Yvette.

Männliche

Aimé
französische Form von Amatus.

Alain
französische Form von Allan.

Alexandre
französische Form von Alexander.

André
französische Form von Andreas.

Antoine
französische Form von Anton.

Arian
französische Nebenform von Adrian.

Aribert
französische Form von Herbert.

Arnaud
französische Form von Arnold.

Armand
französische Form von Hermann.

Bastien
französische Form von Sebastian.

Benoît
französische Form von Benedikt.

Batiste
französische Form von Baptist.

Bernard
französische Form von Bernhard.

Charles
französische Form von Karl.

Claude
französische Form von Claudius.

Denis
zurückgehend auf Dionys(ius).

Désiré
französische Form von Desiderus.

Dominique
französische Form von Domenikus.

Éduard
französische Form von Eduard.

Émile
französische Form von Emil.

Étienne
französische Form von Stephan.

Fabien
französische Form von Fabian.

Fédéric, Frédéric
französische Formen von Friedrich; *Kurzform:* Ferry.

François
französische Form von Franz.

Gaspar, Gaspard
französische Form von Kaspar.

Gaston
französisch; Bedeutung ist ungeklärt.

Gauthier
französische Form von Walter.

Georges
französische Form von Georg.

Gérard
französische Form von Gerhard.

Géraud
französische Form von Gerald.

Guide, Guy
französische Formen von Guido.

Hérault
französische Form von Harold.

Honoré
französische Form von Honorius.

Hugues
französische Form von Hugo.

Jaques
französische Form von Jakob.

Jean
französische Form von Hans (Johannes).

Jérôme
französische Form von Hieronymus.

Jost
aus altfranzösisch Josse = Jodokus; *Nebenform:* Johst.

Jourdain
französische Form von Jordan.

Jules
französische Form von Julius.

Julien
französische Form von Julian.

Léon
französische Form von Leo.

Léonard
französische Form von Leonhard.

Louis
französische Form von Ludwig.

Luc
französische Form von Lukas.

Lucien
französische Form von Lucius.

Marc
französische Form von Markus.

Marcel
französische Form von Marcellus; *Weiterbildung:* Marcelin.

Mathieu
französische Form von Matthias.

Maurice
französische Form von Moritz.

Michel
französische Form von Michael.

Nicolas, Nico
französische Formen von Nikolaus.

Noël
französisch: Weihnachtsfest.

Oberon
französisch.

Olivier
französische Form von Oliver.

Pascal
lateinischer Ursprung: der zu Ostern Geborene.

Philippe
französische Form von Philipp.

Pierre
französische Form von Peter.

Rainier, Régnier
französische Formen von Rainer.

Raoul
französische Form von Radolf.

Raymond
französische Form von Raimund.

Renard
französische Form von Reinhard.

Renaud, Renault
französische Form von Reginald.

René
französische Form von Renatus.

Rodolphe
französische Form von Rudolf.

Rodrique
französische Form von Roderich.

Rolland
französische Form von Roland.

Romain
französische Form von Roman.

Sacha
französische Form von Sascha.

Serge
französische Form von Sergius.

Théodore
französische Form von Theodor.

Thibaut
französische Form von Theobald.

Thierry
französische Form von Dietrich.

Thomé
französische Form von Thomas.

Timothé
französische Form von Timotheus.

Victor
französische Form von Viktor.

Vincent
französische Form von Vinzenz.

Yves, Yvon
französische Form von Ivo.

Angelsächsische Namen

Weibliche

Abigail
hebräisch.

Aggie, Aggy
englische Koseform von Agathe.

Alice
englische Kurzform von Elisabeth.

Amy
englische Kurzform von Amata.

Anabel
englische Kurzform von Annabella.

Ann
englische Form von Anna; *Nebenform:* Anne.

Audrey
altenglisch: edel und Stärke.

Belinda
englische Bedeutung ist unbekannt.

Beryl
englisch: das kristallisierende Metall.

Bess
englische Kurz- und Koseform von Elisabeth; *Nebenformen:* Bessy, Betsy, Betty; *Weiterbildung:* Bettina.

Brigitta, Brigitte
altirisch: die Hohe, Erhabene; *Kurzformen:* Briga, Britta, Gitta, Gitte.

Bridgit, Briget
englische Formen von Brigitte; *Kurzformen:* Biddy, Briddy, Bride.

Carol
englische Kurzform von Caroline.

Carline
englische Form von Karoline; *Koseform:* Carry.

Chris
englische Kurzform von Christiana (Christine).

Cinderella
englisch: Aschenputtel.

Connie
englische Kurzform von Constanze/Konstanze.

Corny
englische Koseform von Cornelia.

Daisy
englisch: Maßliebchen, Gänseblümchen.

Dawn
englisch: die Morgenfrühe.

Doreen
irische Verkleinerungsform von Dorothea.

Dorothy
englische Form von Dorothea; *Kurzformen:* Dolly, Dory, Dotty.

Edith
altenglisch: Besitz, Reichtum und Kampf; *Nebenform:* Edita.

Edwine
weibliche Form zu Edwin.

Eileen
englische Nebenform von Helene oder Evelyn.

Ellen
englische Kurzform von Helene und Eleonore.

Ellinor
englische Form von Eleonore, auch Elinor, Elinore.

Emily
englische Form von Emilie.

Ethel
englische Kurzform von Zusammensetzungen mit Ethel-, z. B. Ethelinda.

Eve
englische Form von Eva.

Evelyn
englische Weiterbildung von Eve (Eva).

Faye
englisch.

Fenella
englischer Name keltischer Herkunft.

Frances
englische Form von Franziska; *Kurzform:* Fanny.

Gerty
englische Form von Gertrud.

Ginger
englische Koseform von Virginia.

Gladys
weibliche irisch-englische Form von Claudius.

Grace
englische Form von Grazia.

Gwendolin, Gwendolyn
englisch-keltischer Ursprung, Bedeutung ist ungeklärt; *Kurzformen:* Gwenda, Gwindi.

Harriet
englische Form von Henriette; *Kurzform:* Hatty.

Heather
englisch: Heidekraut.

Helen
englische Form von Helene.

Hester
englische Form von Ester.

Imogen
altirisch: Tochter, Mädchen.

Isolde
Herkunft vermutlich keltisch, Bedeutung ist ungeklärt.

Jane, Joan
englische Formen von Johanna.

Janet
englische Verkleinerungsform von Jane.

Jennifer
englisch; geht auf den Namen der Frau von König Artus zurück; *Kurzform:* Jenny.

Kathleen
englische Form von Katharina; *Kurzform:* Kate, Kitty.

Leslie
englisch; eigentlich Familienname.

Liddy
englische Kurzform von Lydia.

Lilian
englisch; Weiterbildung von Lilly; *deutsche Form:* Liliane.

Lilly
englische Koseform von Elisabeth.

Lissy
englische Kurzform von Elisabeth; *Nebenformen:* Liz, Lizzy.

Luzy
englische Kurzform von Luzia.

Mabel
englische Kurzform von Miltraud.

Maddy
englische Kurzform von Magdalena.

Mae
Kurzform von Mary.

Maggie
englische Kurzform von Margarethe.

Malina, Maline
englisch.

Malinda, Malinde
englisch.

Mandy
englische Kurzform von Amanda.

Margaret
englische Form von Margarethe; *Kurzformen:* Margery, May.

Marjory
englische Nebenform von Margaret.

Mary
englische Form von Maria; *Verkleinerungsform:* Marilyn.

Marzia
weibliche Form zu Marcius.

Maud, Maude
englische Form von Mathilde.

Maura
irische Form von Maria; *Verkleinerungsform:* Maureen.

Merle
englisch: Amsel.

Mildred
englische Form von Miltraud.

Milli, Milly
englische Koseformen von Emilie.

Moll, Molly
englische Kurz- und Koseformen von Mary (Maria); *Nebenform:* Polly.

Mona
irisch: edel.

Muriel
englisch-keltisch: die glänzende See.

Nancy
englische Koseform von Anne (Anna).

Nelly
englische Kurzform von Cornelia.

Noreen
irische Verkleinerungsform von Nora.

Oona
irisch.

Ostara
angelsächsisch: Göttin des Frühlings.

Pamela
englisch; Bedeutung ist ungeklärt.

Patsy, Patty
englische Koseform von Patricia.

Peggy
englische Koseform von Margarete.

Penny
englische Koseform von Penelope.

Perry
englische Kurzform von Peregrina.

Ronnie, Ronny
englische Kurzformen von Veronika.

Rosemary
englische Form von Rosemarie.

Sabrina
englisch: Name der Nymphe des Flusses Severn.

Sally
englische Koseform von Sarah.

Sandie, Sandy
englische Kurzformen von Alexandra.

Scarlett
englisch: scharlach-, feuerrot.

Sheila
englische Kurzform von Cäcilie.

Shirley
englisch; aus einem Familiennamen entwickelt.

Sibyl, Sybil
englische Formen von Sibylle.

Sondra
aus dem Englischen; Bedeutung ist ungeklärt.

Susan
englische Form von Susanne.

Teresa
englische Form von Therese; *Kurzform:* Tess.

Vanessa
englisch; gleiche Bezeichnung einer Schmetterlingsart.

Violet
englische Verkleinerungsform von Viola.

Vivian, Vivien
englische Formen von Viviane.

Winifred
englische Form von Winfrieda; *Kurzform:* Winnie.

Zinnia
Ableitung eines Blumennamens (Zinnien).

Männliche

Alan
keltisch; Bedeutung ist ungeklärt.

Alec
englische Form von Alexander.

Alfred
englisch: Ratgeber mit Hilfe der Naturgeister.

Amon
amerikanische Form von Ammon.

Andrew, Andy
englische Form von Andreas.

Anthony
englische Form von Anton.

Archibald
englische Form von Erkenbald.

Arthur, Artur
englisch; Bedeutung ist ungeklärt.

Baldwin
englische Form von Balduin.

Barnet
englische Form von Bernhard.

Bea
englische Kurzform von Benjamin.

Beda
angelsächsisch: zurückgehend auf den Namen des angelsächsischen Kirchenlehrers (7./8. Jahrhundert), Bedeutung ist ungeklärt.

Bennet
englische Kurzform von Benedikt.

Benny
englische Koseform von Benjamin.

Bill
englische Kurzform von William (Wilhelm).

Bob, Bobby
englische Kurzformen von Robert.

Brian
keltisch: Hügel.

Burton
englisch; eigentlich Familienname.

Charles
englische Form von Karl; *Koseform:* Charly.

Chris
englische Kurzform von Christian.

Clifford
englisch; *Kurzform:* Cliff.

Colin
englische Kurzform von Nicolas.

Dale
englisch; Bedeutung ist unklar.

Dan
englische Kurzform von Daniel.

Danny
englische Koseform von Daniel.

Dave
englische Kurzform von David.

Dean
englisch-amerikanisch; ursprünglich Familienname.

Donald
englisch-keltisch: Weltherrscher.

Dorian
englischer Name griechischer Herkunft: der Dorer.

Douglas
irisch: dunkelblau.

Duncan
irisch: brauner Krieger.

Earl
englisch: der Freie, Edle.

Edgar
altenglisch: Besitz, Reichtum und Speer; *Nebenform:* Edgard.

Edmund
altenglisch: Besitz, Reichtum und Schutz.

Eduard
altenglisch: Besitz, Reichtum und Hüter, Heer; *Kurzformen:* Ted, Teddy.

Edward
englische Form von Eduard; *Kurzformen:* Ed, Eddie, Eddy.

Edwin
altenglisch: Besitz, Reichtum und Freund.

Elvis
englisch-amerikanische Form von Alwin, Alwis.

Ernest
englische Form von Ernst.

Errol
englisch-amerikanische Kurzform von Earl.

Esmond
englisch.

Francis
englische Form von Franz.

Freddy
englische Kurzform von Alfred.

Frederic
englische Form von Friedrich.

Geoffrey
englische Form von Gottfried.

George
englische Form von Georg.

Gerome
englische Form von Hieronymus.

Glenn
keltischer Ursprung.

Gordon
englisch-schottischer Ursprung; *Koseform:* Gordy.

Gregory
englische Form von Gregor; *Kurzform:* Greg.

Guy
englische Kurzform von Guido.

Harding
englische Form von Hardwin.

Henry
englische Kurzform von Heinrich; *Nebenformen:* Harri, Harry.

Horst
angelsächsisch: geht auf den Namen Horsa zurück, ein Führer der Angelsachsen; *Weiterbildung:* Horstmar.

Howard
englische Form von Hubert.

Hugh, Hughes
englische Formen von Hugo.

Humphrey
englisch-amerikanische Form von Humfried.

Ifor
schottisch.

Irving
englisch: Freund der See; *Nebenformen:* Irwin, Irvin.

James
englische Form von Jakob; *Kurzform:* Jim; *Verkleinerungsform:* Jimmy.

Jeffrey
englische Form von Gottfried; *Kurzform:* Jeff.

Jervis
englische Form von Gervas.

Jodokus
keltisch: der Krieger; *Kurzform:* Joyce.

Joe
englische Kurzform von Joseph.

John
englische Form von Johannes; *Kurzform:* Jack; *Verkleinerungsformen:* Johnny, Jonny.

Keith
schottischer Ursprung.

Kenneth
englisch-gälisch: der Hübsche, Feine.

Kermit
englisch-irischer Ursprung.

Kerry
keltisch: der Finstere.

Kevin
englisch-irisch: hübsch, fein.

Kilian
keltisch: Krieg.

Lanzelot
englisch.

Larry
englische Kurzform von Laurentius.

Lester
englisch.

Lewis
englische Form von Ludwig.

Mac
gälisch-schottisch: der Sohn.

Marlin, Merlin
englisch: der Falke; *Nebenformen:* Marlo, Marlon, Marlow.

Marvin
englisch: groß und Freund.

Mathew
englische Form von Matthias; *Kurzformen:* Mat, Matty.

Melvin
angelsächsisch: Schwertfreund (Maelwine).

Mike
englische Kurzform von Michael.

Monty
englische Kurzform von Montague, Montgomery (eigentlich englische Familiennamen).

Morgan
englisch-keltisch: der Seemann.

Morris
englische Form von Moritz.

Mortimer
englische Form von französisch: Mortemer.

Nat
englische Kurzform von Nathanel.

Nelson
irisch: Kämpfer.

Nicholas, Nicolas
englische Formen von Nikolaus; *Kurzform:* Nick.

Oliver
englische Form von Olivier.

Patrick
irische Form von Patrizius; *Koseform:* Paddy; *Kurzform:* Pat.

Percy
englische Kurzform von Perceval (Parzival).

Perry
englische Kurzform von Peregrin.

Phil
englische Kurzform von Philipp.

Ray
englische Kurzform von Raimund.

Reginald
englische Form von Reinold; *Kurzformen:* Reinald, Rex.

Rick, Ricky
englische Kurzformen von Richard.

Rob
englische Kurzform von Robert; *Koseformen:* Robby, Robin; *Weiterbildung:* Robinson.

Roderick
englische Form von Roderich.

Ronald
schottischer Name, entspricht Reinhold; *Kurzform:* Ron.

Rowland
englische Form von Roland.

Roy
irisch: der Rote.

Rudolph
englische Form von Rudolf.

Sam, Sammy
englische Kurzform von Samuel.

Sandy
englische Kurzform von Alexander.

Sean
irische Form von Johannes.

Stanley
englisch; *Kurzform:* Stan.

Ted
englische Kurzform von Theodor.

Timothy
englische Form von Timotheus.

Tom, Tommy
englische Kurzformen von Thomas.

Victor
englische Form von Viktor.

Vivian
englisch: lebendig, lebhaft.

Walt
englische Kurzform von Walter.

William
englische Form von Wilhelm.

Willibrord
altenglisch: Wille und Speer.

Winston
englischer Name (Ortsname).

Yale
angelsächsisch: übermütig, ausgelassen.

Nordische Namen

Weibliche

Aaltje
niederländische Form von Adelheid.

Abelone
norwegische und friesische Form von Apollonia.

Agda
schwedische Form von Agathe.

Agna
schwedische Form von Agnes.

Aina
finnisch: immer.

Alla
schwedische Form von Alexandra.

Annbritt
schwedischer Doppelname aus Ann und Britt.

Anneke
norwegische und friesische Form von Anna.

Annika
Verkleinerungsform von schwedisch Anna, eigentlich »Ännchen«.

Astrid
schwedisch; im germanischen: Gott und schön.

Barbro
schwedische Form von Barbara.

Birgit, Birgitta
schwedische Kurzform von Brigitta; *ältere Form:* Brighitta; *Kurzformen:* Birte, Britt; *Nebenform:* Berit.

Bodil
schwedisch; Bedeutung ist ungeklärt.

Dagny
nordisch: neuer Tag.

Ditte
dänische Kurzform von Zusammensetzungen mit Diet-, wie z. B. Dietlind(e) und dänische Kurzform von Rdith und Dorothea.

Eda
schwedische Kurzform von Edwardina.

Edla
schwedische Kurzform von Zusammensetzungen mit Edel-, wie z. B. Edeltraud.

Eina
weibliche Form zu Einar.

Eldrid
nordische Form von Edeltraut.

Elga
nordische Nebenform von Helga.

Elida
nordisch: schneller Segler.

Elina
schwedische Form von Helene.

Elna
dänische Kurzform von Ellina (Helene).

Erika
weibliche Form zu Erich.

Fenja
niederdeutsche Form von Namen mit -friede.

Frauke
friesisch: Frauchen, kleine Frau.

Freda
nordische Kurzform von Frederike.

Freia, Freya
nordisch: Name der altnordischen Göttin Freyja.

Garda
friesische Form von Gerda.

Geeske
friesische Form von Gertrud.

Gerda
altisländisch: die Schützerin.

Gerdina
friesische Koseform von Gerharde (Gerhard).

Göta
schwedische Kurzform von Zusammensetzungen mit Göt-.

Greta
schwedische Kurzform von Margareta (Margarete).

Gunhild
nordische Nebenform von Gunthild.

Hedda
nordische Kurzform von Hedwig; *Nebenformen:* Heda, Hede, Heinrike, Hendrikje, Henni, Henny.

Heidina
friesische Form von Namen mit Heid-.

Heike
friesische Form von Heinrike.

Helga
schwedisch: heilig, die Geweihte; *Nebenformen:* Helge, Helgi, Hella.

Henrike
weibliche Form zu Henrik; *Kurzformen:* Haike, Heike, Heinke.

Hilka
friesische Form von Namen mit Hilde-.

Iduna
altnordisch: die Verjüngende.

Inglasia
schwedischer Doppelname aus Inga und Lisa.

Ingeborg
altisländisch: Schutz, Hilfe und Name eines Gottes; *Kurzform:* Inga; *Nebenform:* Inken.

Ingrid
altisländisch: schön und Name eines Gottes.

Jarla
weibliche Form zu Jarl.

Joke
nordische Kurzform von Johanna.

Jorina
friesisch; abgeleitet von Gregor(ius); *Nebenformen:* Jorinna, Jorinde.

Karin
schwedische Kurzform von Katharina; *Nebenformen:* Caren, Karen, Karena; *Weiterbildung:* Karina; *norwegische Kurzform:* Kari.

Kirstin
schwedische Nebenform von Kirsten; auch: Kerstin.

Kristina
schwedische Form von Christine.

Kristine
dänische Form von Christine.

Lowisa
niederdeutsche Form von Louise.

Maleen
nordische Kurzform von Magdalena; *Nebenformen:* Malena, Malene.

Maren
dänische Form von Marina.

Margareta
schwedische Form zu Margarete; *Nebenform:* Margit.

Marketta
finnische Form von Margarete.

Naja
grönländisch: die kleine Schwester.

Nanna
nordisch: Name einer altnordischen Göttin.

Olofa
schwedisch; weibliche Form zu Olaf.

Ragnhild
nordische Form von Reinhild; *Kurzform:* Ragna.

Sif, Siv
altisländisch: die Verwandte.

Signe
nordisch: neuer oder junger Sieg.

Sigrid
altisländisch: Sieg und schön; *Nebenform:* Sirid.

Solveig
nordisch; Bedeutung ist ungeklärt.

Svenja
weibliche Bildung zu Sven.

Talida, Talika, Taida, Tela, Theda
friesische Kurzformen von Adelheid.

Telsa
friesische Kurzform von Elisabeth.

Thorhild, Torhild
altnordischer Donnergott Thor und altisländisch: Kampf; *Kurzform:* Thora.

Thorid, Thurid
altnordischer Donnergott Thor und altisländisch: hübsch, schön.

Thyra, Tyra
altnordischer Donnergott Thor und altnordisch: Kampf.

Valborg
nordische Form von Walburg.

Verna
schwedisch; weibliche Form zu Werner.

Wellemina
friesische Form von Wilhelmina.

Wencke
nordisch; Bedeutung ist ungeklärt.

Wiebke, Wibke
friesisch.

Witta
friesische Form des althochdeutschen »Witu«: Wald.

Männliche

Aimo
finnisch; Bedeutung ist ungeklärt.

Ante
schwedische Kurzform von Anton.

Arild
dänische Form von Arnold.

Arne
aus dem Dänischen oder Schwedischen übernommen.

Arnt
Kurzform von Namen mit Arn-.

Arwed
schwedisch: Adler und Baum.

Austen
niederdeutsche Form von August.

Axel
schwedische Kurzform von Absalom.

Baldo
friesische Kurzform von Namen mit Bald-.

Baldur
nordisch; geht auf den Namen eines germanischen Licht- und Frühlingsgottes zurück; *Nebenform:* Balder.

Bengt
schwedische Form von Benedikt.

Bent
dänische Form von Benedikt.

Bertil
schwedische Koseform von Berthold.

Birger
altschwedisch: der Bergwolf; *Nebenform:* Börge.

Björn
norwegisch: Bär; *Nebenform:* Bjarne.

Bo
dänisch und schwedisch: die Bewohner, ansässig.

Däni, Dani
schwedische Kurzformen von Daniel.

Dothias
friesisch: Taube.

Eggert
schwedische Form von Eckehard.

Egil
nordische Kurzform von Zusammensetzungen mit Eg(il)-.

Einar
altisländisch: der allein kämpft.

Elof
nordisch.

Erich
nordisch: der allein Mächtige; *Nebenform:* Erik.

Erland
altisländisch: Häuptling.

Finn, Fynn
nordisch; Bedeutung ist ungeklärt.

Frans
schwedische Form von Franz.

Frederik
schwedische Form von Friedrich.

Frithjof
altisländisch: Schutz, Friede und Dieb, Räuber.

Gerrit
friesische Form von Gerhard.

Goestan, Göstan
schwedische Form von Gustav.

Göran
schwedische Form von Jürgen; *Nebenform:* Jöran.

Gunar, Gunnar
nordische Entsprechungen von Günter.

Gustav
schwedisch: Gote und Stab.

Guttorm
altnordisch: Gott und Ehre.

Hakon
altnordisch; Bedeutung ist ungeklärt.

Haldor, Halidor
norwegisch: Fels und nordischer Donnergott Thor.

Halfred
norwegisch: Fels und Frieden.

Halvard, Halvar, Halvor
nordisch: Fels und Schutz.

Hamko
friesisch.

Harald
nordisch: der Gebieter.

Helge
identisch mit dem weiblichen Namen Helge.

Henrik
schwedische Form von Heinrich; *Nebenform:* Hendrik.

Hjalmar
altisländisch: Helm und Heer.

Holger
altisländisch: Insel und Speer.

Holm
nordisch: der auf der Insel Geborene.

Immo
friesisch.

Igmar
schwedische Form von Ingomar.

Ingvar, Ingwar
altisländisch: Name eines Gottes und Heer.

Jannik
dänische Form von Johann.

Jarl
nordisch: der Fürst, der Freie.

Jeldrich, Jeldrick
friesische Form von Adalrich.

Jelke
friesisch.

Jöran
schwedische Form von Georg.

Jörgen
dänische Form von Jürgen.

Jork
friesisch.

Kaj
dänische Form von Kai.

Kalle
schwedische Koseform von Karl.

Knud, Knut
nordisch: waghalsig, keck.

Krister
schwedische Nebenform von Kristian.

Lars
schwedische Form von Laurentius; *Nebenform:* Lasse.

Laurids
dänische Form von Laurentius.

Laurits
schwedische Form von Laurentius.

Leif
norwegisch: Erbe, Erbschaft.

Malte
dänisch; Bedeutung ist unbekannt.

Meinert, Menard
friesische Kurzform von Meinhard.

Merten
niederländische Form von Martin.

Mickel, Mikael
schwedische Formen von Michael.

Morten
norwegische Form von Martin.

Nils
schwedische Form von Nikolaus; *Kurzform:* Nisse.

Olaf
nordisch: Nachkomme des Urahns.

Olav
norwegische Form von Olaf.

Olof
schwedische Form von Olaf.

Oluf
dänische Form von Olav.

Paale
friesische Form von Paul.

Paavo
finnische Form von Paul.

Pär
schwedische Form von Peter.

Peer, Peet
nordische Formen von Peter; *Kurzform:* Per.

Pelle
schwedische Form von Peter.

Ragnar
nordische Form von Rainer.

Rickard
schwedische Form von Richard.

Sievert, Siewert
friesische Form von Siegwart.

Sigurd
nordische Form von Siegward.

Sixten
altschwedisch: Sieg und Stein.

Sören
dänische Form von Severin.

Sven, Svend
dänisch: junger Mann, junger Krieger.

Tage
altschwedisch: Bürge, Gewährsmann.

Thoralf, Toralf
altnordischer Donnergott Thor und althochdeutsch: Naturgeist, Elf.

Thorbjörn, Torbjörn
nordisch: altnordischer Donnergott Thor und Bär.

Thore, Tore, Ture
schwedische Kurzformen von Namen, die mit Tor- und Thor- gebildet sind, wie z. B. Thorbjörn.

Thorger, Torger
altnordischer Donnergott und althochdeutsch: Speer.

Thorolf, Thorulf
altnordisch: altnordischer Donnergott Thor und Wolf; *Nebenform:* Torolf.

Thorsten, Torsten
nordisch: altnordischer Donnergott Thor und Stein.

Thorwald, Torwald
altnordischer Donnergott Thor und althochdeutsch: herrschen.

Torben
dänisch.

Tord
nordische Kurzform von Zusammensetzungen mit T(h)or-, wie z. B. Thorsten.

Ulf
Kurzform zu nordischen Namen, die mit Ulf- oder -ulf gebildet sind, wie z. B. Thorulf.

Ulv
schwedische Form von Ulf.

Warnart, Warnert
friesische Form von Wernhard.

Wieland
altisländisch: List, Kunst.

Osteuropäische Namen

Weibliche

Alenika
russische Form von Elena.

Alenka
slawische Form von Magdalena.

Anika, Anike
russische und bulgarische Kurzform von Anna.

Andreana
slawische Form von Andrea.

Aniska
russische Form von Anna.

Anjuta
bulgarische Form von Anna.

Anka
ungarische Koseform von Anna.

Anninka
polnische Form von Anna.

Anuschka
slawische Verkleinerungsform von Anna; *Nebenform:* Anjuschka.

Aranka
ungarische Form von Aurelie.

Arnika
ungarische Form von Arnolde; Blumenname.

Asja
russische Kurzform von Anastasia.

Aura
rumänische Form von Aurelia.

Aurica
rumänisch: die Goldige.

Bogdana
russisch: Gottesgeschenk.

Bohdana
tschechische Form von Bogdana.

Bronislawa
weibliche Form zu Bronislaw; *Kurzform:* Bronia.

Chilia
russische Form von Rachel.

Cirilla
ungarische Form von Cyrill.

Dana
slawische Kurzform von Daniela.

Danila
slawische Form von Daniela.

Darja
russische Form von Dorofeja (Dorothea).

Djarmila
kirgisische Form von Jarmila.

Dorota
tschechische und polnische Form von Dorothea.

Dragomira
slawische Form von Dagmar.

Dubravka
tschechisch.

Dunja
serbokroatisch, russisch: die Wohlangesehene.

Etelka
ungarische Form von Ottilia.

Ermina
russische Form von Hermanna.

Feodora
weibliche Form zu Fedor; *Nebenform:* Fedora.

Fedosia
russische weibliche Form zu Feodosi.

Ferike
ungarische Form von Franziska.

Fjodora
russische Form von Theodora.

Franeka
slawische Form von Franziska.

Galina
russisch: Frieden; *Kurzform:* Ganja.

Halka
polnisch; *Nebenformen:* Halina, Halenka.

Ildiko
ungarische Kurzform von Namen mit Hild-.

Ileana
rumänische Form von Helena.

Ilona
ungarische Form von Helene; *Kurz- und Koseform:* Ilonka.

Irina
slawische Form von Irene.

Iwana
slawische Form von Johanna; *Nebenform:* Ivanka.

Jadwiga
polnische Form von Hedwig.

Janika
bulgarische Form von Johanna.

Janina
polnische Weiterbildung von Jana.

Janita
slawische Form von Johanna.

Janka
ungarische Form von Johanna.

Jarmila
tschechisch.

Jelisaweta
russische Form von Elisabeth.

Jelka
ungarische Koseform von Ilona.

Jekaterina
russische Form von Katharina.

Jindra
tschechisch.

Julischka
ungarische Form von Julia; *Nebenform:* Julika.

Jurena, Jurina
slawische Namen; abgeleitet von Georgina.

Kathinka, Katinka
russische Koseform von Katharina; *Kurzform:* Tinka.

Katja
russische Koseform von Jekaterina (Katharina).

Klescha
russische Form von Kleopatra.

Ladina
slawische Form von Ladislava.

Lara
russische Nebenform von Laura.

Larissa
russisch; Bedeutung ist nicht geklärt.

Lenka
slawische Verkleinerungsform von Helene und Magdalene.

Leonida
weibliche Form zu Leonid.

Libussa
slawisch: der Liebling.

Lisenka
slawische Koseform von Elisabeth.

Ljuba
russisch: die Liebe.

Ludmilla
russisch: Volk und lieb, angenehm.

Malanka
slawische Form von Melanie.

Manja
slawische Weiterbildung von Maria.

Margalita, Margarita
russische Formen zu Margarete.

Margit
ungarische Form zu Margarete.

Marguna
georgisch.

Marianka
slawische Nebenform von Maria.

Marija
russische Form von Maria.

Marika
ungarische Form von Maria.

Marja
slawische Nebenform von Maria.

Marula, Maruschka, Maruscha
slawische Weiterbildung von Maria.

Mascha
russische Koseform von Marija.

Mila
slawische Kurzform von Ludmilla.

Milana
slawisch; weibliche Form zu Milan.

Milena
slawische Bildung zu Mila.

Minka
polnische Koseform von Wilhelmine.

Mirjana
slawisch; weibliche Form zu Mirjan.

Nadjeschda
russisch: die Hoffnung; *Kurzform:* Nadja; *Weiterbildung:* Nadine; *ungarische Form:* Nadinka.

Nastasia
russische Kurzform von Anastasia.

Natascha
russische Koseform von Natalie.

Olga
russische Form von Helga.

Piroschka
ungarisch.

Radomila
slawisch: froh und lieb; *Nebenform:* Radmilla.

Raika, Rajka, Raja
bulgarisch: Paradiesvogel.

Ranka
slowenisch; weibliche Form zu Ranko.

Sofia
russische Form von Sophia; *Verkleinerungsform:* Sonja.

Svetlana
russisch: die Helle.

Tamara
russisch; Bedeutung ist unbekannt.

Tasja
russische Koseform von Anastasia.

Tatjana
russisch; Bedeutung ist unklar; *Koseform:* Tanja.

Tonja
russische Verkleinerungsform von Antonia.

Uljana
russische Form von Juliane.

Valeska
polnische Form von Valerie.

Vera
russisch: Glaube, Zuversicht; *Koseform:* Veruschka.

Viliana
russisch.

Vilma
ungarische Form von Wilhelmine.

Wanda
slawisch; Bedeutung ist unbekannt.

Warwara
russische Form von Barbara; *Kurzform:* Warja.

Zalona
bulgarisch.

Zarina
bulgarisch; Weiterbildung von »Zar«: Herrscher.

Zdenka
weibliche Form zu Zdenko.

Männliche

Aleko
bulgarische Kurzform von Alexander.

Alexej
russische Form von Alexis.

Alik
russische Kurzform von Alexander; *Koseform:* Aljoscha.

Andor
ungarische Nebenform von Andreas.

Andrei, Andrej
russische Formen von Andreas.

Andro
slawische Form von Andreas.

Anjo
bulgarische Form von Angelus.

Antonin
slawische Form von Anton; *Nebenformen:* Andolin (baskisch), Antolin (spanisch).

Arniko
ungarische Form von Arnold.

Arpad
ungarisch.

Béla
ungarische Form von Adalbert.

Bogdan
russisch: Gottesgeschenk; tschechisch: Bohdan.

Bogislaw
slawisch: Ruhm oder Lob Gottes.

Bogumil
slawisch: Gottlieb.

Boleslaw
slawisch: mehr Ruhm, Lob, Ehre; *Kurzform:* Bolko.

Boris
slawische Kurzform von Zusammensetzungen mit Bor-.

Bronislaw
russisch: Harnisch, Panzer und Ruhm, Lob.

Danilo
slawische Form von Daniel.

Dano
bulgarisch; Bedeutung ist unklar.

Dimitri
russische Form von Demetrius.

Dragan
slawisch: lieb, teuer.

Fedor, Feodor
russisch; geht auf Theodor zurück; *Nebenform:* Fjodor.

Feodosi
russische Form von Theodosius.

Ferenc
ungarische Form von Franz.

Franciszek
polnische Form von Franz; *Koseform:* Franek.

Gábor
ungarische Form von Gabriel.

Gawriil, Gawrila
russische Formen von Gabriel.

Géza
ungarischer Name; Bedeutung ist ungeklärt.

Grigori
russische Form von Gregor; *Koseform:* Grischa.

Hanko
slawische Kurzform von Johann.

Huschke
tschechische Koseform von Johannes.

Igor
russische Form von Ingvar.

Ilja
russische Form von Elias.

Imre
ungarische Form von Emmerich.

István
ungarische Form von Stephan.

Iwan
russische Form von Johannes.

Janek
polnische Form von Johann.

Janis
litauische Kurzform von Johannes.

Janko
slawische Koseform von Jan.

Jano
slawische und ungarische Form von Johann.

János, Janosch
ungarische Form von Johannes.

Jaromier
russisch: zornig, heftig, mutig und Friede, Welt; *Kurzform:* Jesko.

Jaroslaw
russisch: zornig, heftig, mutig und Ruhm, Lob; *Kurzform:* Jesko.

Jascha
russische Form von Jakob.

Jendrich, Jendrick
slawische Form von Heinrich.

Jirko
tschechische Form von Georg.

Joscha
ungarische Form von Josef.

Jurek
russische Form von Georg; *Kurzformen:* Jiri, Juri.

Kalman
ungarisch.

Karel
tschechische Form von Karl.

Karol
polnische Form von Karl.

Kasimir
slawisch: Friedensstifter.

Klement
tschechische Form von Klemens.

Kolja
russische Koseform von Nikolaus.

Lajos
ungarische Form von Ludwig.

László, Laslo
ungarische Form von Ladislaus.

Lew
russische Form von Leo.

Marek
polnische Form von Markus.

Michail
russische Form von Michael; *Koseform:* Mischa.

Mihály
ungarische Form von Michael.

Miklas
slawische Form von Nikolaus.

Miklós
ungarische Form von Nikolaus.

Mikula
russisch; Verschmelzung von Nikolai (Nikolaus) und Michail (Michael).

Miloslaw
slawisch: der Ruhmliebende; *Kurzformen:* Milan, Milko, Milo, Mirek.

Miroslaw
russisch: Friede und Ruhm; *Kurzform:* Mirko.

Mitja
russische Kurzform von Demetrius.

Nikolai, Nikolaj
russische Formen von Nikolaus; *Kurzform:* Nikita.

Oleg
russisch; germanischer Ursprung; geht auf den Namen Helge zurück.

Ossip
russische Form von Joseph.

Pal
ungarische Form von Paul.

Pawel
russische Form von Paul.

Pjotr
russische Form von Peter.

Radomil
slawisch: froh und lieb; *Kurzform:* Radek.

Sándor
ungarische Form von Alexander.

Sascha
russische Kurzform von Alexander.

Semjon
russische Form von Simon.

Serafim
russische Form von Seraphin.

Sergei, Sergej
russische Formen von Sergius.

Tibor
ungarische Form von Tiberius.

Timotej
russische Form von Timotheus.

Václav
tschechische Form von Wenzeslaus.

Vitulja
russische Form von Viktor.

Wanja
russische Koseform von Iwan (Johannes).

Wanko
bulgarische Form von Iwan.

Wassili, Wassily
russische Formen von Basilius; *Kurzform:* Wasia.

Wenzeslaus
altrussisch: Ruhm; *Kurzform:* Wenzel.

Wjatscheslaw
heutige russische Form von Wenzeslaus.

Wladimir
russisch: Macht und groß; *Koseform:* Wolodja.

Wladislaw
slawische Form von Ladislaus.

Zdenko
slawische Koseform von Sidonius.

Zlatko
slawisch: der Goldene.

Zoltán
ungarisch: der Sultan.

Zygmunt
polnische Form von Sigismund.

Außereuropäische Namen

Weibliche

Aischa, Aische
türkisch; Gemahlin des Propheten Mohammed.

Alina
arabisch: die Erhabene.

Anouk
arabisch: die Hübsche, Feine.

Daria
persisch; weibliche Form zu Darius.

Elenore
arabisch: Gott ist mein Licht; *Nebenformen:* Lenore, Leonore; *Kurzformen:* Nelli, Nelly.

Elmira
arabisch: die Fürstin.

Esther
persisch: der Stern.

Farah
arabisch: Freude.

Fatima, Fatime
arabisch; Tochter Mohammeds.

Indira
indisch; Indira Gandhi, ehemalige indische Ministerpräsidentin.

Laila, Leila
arabisch: Dunkelheit, Nacht.

Malaika
arabisch: Engel.

Rabea
arabischer Ursprung von rabi: Frühling.

Roxana, Roxane, Roxanne
persisch: glänzend, hell.

Saide
arabisch: die Glückliche.

Schirin
persisch; Bedeutung ist ungeklärt.

Soraya
persisch: gut und König, Reich.

Suleika
arabisch: Verführerin.

Tabea
aramäisch: die Gazelle.

Männliche

Achmed
arabisch: der Preiswürdige; *Nebenform:* Ahmed.

Bartholomäus
aramäisch: Sohn des Tolmai; *Kurzformen:* Barthel, Romeo.

Darius
persisch: Besitzer des Guten.

Ibrahim
arabische Form von Abraham.

Kaspar, Caspar
persisch: der Schatzbewahrer.

Pinkas
jüdisch: der Gesegnete.

Said
arabisch: der Glückliche.

Saladin
arabisch: Heil des Glaubens.

Tarek, Tarik
arabisch; Heerführer im 8. Jahrhundert.

Thomas
aramäisch: Zwilling.

Seltene Namen verschiedenster Herkunft

Weibliche

Adina
hebräisch: Zierde; *Weiterbildung:* Edina.

Aenna
Nebenform von Anne.

Akelei
Name eines Hahnenfußgewächses.

Alwara
weibliche Form zu Alvaro.

Amaryllis
griechisch; Name einer Nymphe; auch Name einer Zierpflanze.

Amalie
Kurzform von Zusammensetzungen mit Amal-, wie z. B. Amalberga.

Amber, Ambra
arabisch: Bernstein.

Andel
alemannische Kurzform von Anna.

Anemone
mit dem Namen der Blume identisch.

Arabella
spanisch: kleine Araberin.

Armella, Armelle, Armilla
weibliche Nebenform des bretonischen Namens Armel bzw. Armagil.

Artura
weibliche Form zu Artur.

Athalia
hebräisch: erhaben ist Gott.

Attala
gotisch: Vater, Ahne.

Aurica
rumänisch.

Balda
alte deutsche Kurzform von Zusammensetzungen mit Bald-, wie z. B. Baldegunde.

Begonia
botanischer Name des Schiefblatts; spanischer Taufname (Begoña).

Bengina
lateinisch: die Gütige.

Bergit
Nebenform von Birgit.

Berlind
althochdeutsch: Bär und Schild.

Bibiana
lateinischer Ursprung; Bedeutung ist ungeklärt.

Birke
mit dem Baumnamen identisch.

Charis
griechisch: Anmut.

Christabel
englisch.

Clarelia
Weiterbildung von Clara.

Clelia
lateinisch: Frau aus dem Geschlecht der Cloelier.

Clematis
griechisch: junger Zweig, Name eines Klettergewächses.

Danuta
polnisch; Bedeutung ist ungeklärt.

Davida
weibliche Form zu David; *Nebenform:* Davina.

Deike
friesisch; Bedeutung ist ungeklärt.

Edmunda, Edmunde
weibliche Form zu Edmund.

Eduarde
weibliche Form zu Eduard.

Edzarda
weibliche Form zu Edzard.

Florida
weibliche Form zu Floridus; *Nebenform:* Florinda.

Folina
friesisch: Volk.

Gabina
Weiterbildung des Stadtnamens Gabii (nahe Rom).

Gardis, Gerdis, Gerit
schwedische Kurzformen von Namen mit Ger-: Speer.

Gefion
Name der altnordischen Meeresgöttin Gefjon.

Gerarda
weibliche Form zu Gerard.

Hilma
Nebenform von Helma.

Hroswitha
alte Schreibweise des Namens Roswitha.

Jasmin
mit dem Namen des Zierstrauches identisch.

Jocelyne
Herkunft unbekannt.

Josta
weibliche Form zu Jost.

Junia
Ableitung vom Monat Juni.

Klaudine
Weiterbildung von Claudia.

Karsta
niederdeutsche Form von Krista.

Kathrein
Weiterbildung von Katharina.

Konradine
weibliche Form zu Konradin.

Lätitia
lateinisch: Freude, Fröhlichkeit.

Lorella
Weiterbildung von Laura.

Lucilla
Weiterbildung von Lucia.

Ludolfa
weibliche Form zu Ludolf.

Magelone
Weiterbildung von Magdalene.

Malve
Kurzform von Malwine; Blumenname.

Malvida, Malwida
Herkunft und Bedeutung sind ungeklärt.

Malwine
Herkunft und Bedeutung sind ungeklärt.

Maralda
weibliche Form zu Marhold.

Melina, Meline
griechischer Ursprung.

Melinda
Kurzform von Mildburg oder Miltraud.

Melisande, Melusine
Bedeutung ist ungeklärt.

Meret, Merita
schweizerische Kurzformen von Emerantia.

Momo
weibliche Titelfigur des gleichnamigen Märchens von Michael Ende.

Nona
weiblicher Name lateinischen Ursprungs; eine der drei Parzen (römische Geburts- und Schicksalsgöttinnen).

Norma
lateinisch: Gebot.

Oceana
weiblicher Name, der 1875 nach einer Geburt auf einem Ozeandampfer entstand.

Petressa
weibliche Form zu Petrus.

Rowena
Herkunft und Bedeutung sind ungeklärt; Romanfigur in »Ivanhoe« von W. Scott.

Saskia
niederländisch; Bedeutung ist ungeklärt.

Selina
Herkunft und Bedeutung sind ungeklärt.

Senta
Kurzform von Crescentia.

Sigune
isländisch: Sieg und Welle.

Sirena
Name aus der griechischen Mythologie: die Sirenen verwirrten die Seeleute mit ihrem Gesang, so daß die Schiffe auf Riffe liefen und sanken; *Kurzform:* Sira.

Smarula
slawisch: heilige Maria.

Sultana
Ableitung vom türkischen Titel Sultan.

Thekla
griechisch: Gott und Ruhm.

Thusnelda
Herkunft und Bedeutung sind ungeklärt; *Kurzform:* Nelda.

Urte
baskische Form von Ruth.

Wendeline
weibliche Form zu Wendelin.

Wiete
friesischer Name; Bedeutung ist ungeklärt.

Xaveria
weibliche Form zu Xaver.

Männliche

Abelin
Weiterbildung von Abel.

Agilo
Kurzform von Zusammensetzungen mit Agil-, wie z. B. Agilbert.

Attila
gotisch: Väterchen.

Begenius
lateinisch: der Gütige.

Brand
Kurzform von Zusammensetzungen mit Brand-, wie z. B. Brandolf, Hildebrand.

Broder
friesisch: Bruder.

Cölestin
lateinisch: der Himmlische.

Delfons
Nebenform von Alfons.

Floribert
zusammengesetzter Name aus Namen mit Flor- und -bert.

Guildo
orthopädischer Strumpfhäuptling, auch »Meister« genannt, der alle lieb hat.

Gernhard
vermutlich Weiterbildung von Gerhard.

Gilgian, Gillian
Nebenformen von Ägidius.

Hannibal
griechisch/lateinisch: Gnade des Gottes Bal.

Helfgott
Umkehrung von Gotthelf.

Hoimar
Herkunft und Bedeutung sind ungeklärt.

Iring, Eyring
Herkunft und Bedeutung ungeklärt.

Irmo
vermutlich Ableitung vom Namen des germanischen Stammes der Herminonen.

Isenger
althochdeutsch: Eisen und Speer; *Nebenform:* Isger.

Jasper
nordische und englische Form von Kasper.

Jobst
Vermischung aus Job und Jost.

Jorit, Jorrit
Herkunft und Bedeutung sind ungeklärt.

Kajetan
geht auf den Namen des heiligen Kajetan zurück.

Kolbert
angelsächsisch: quellen und althochdeutsch: glänzend.

Korbinian
Herkunft und Bedeutung sind ungeklärt.

Ladislaus
lateinisch: Herrschaft und Ruhm; *Kurzform:* Lado.

Landelin
altdeutsche Form zu Namen mit Land-.

Lodewik
niederländische Form von Ludwig.

Loretto
männliche Form zu Loretta.

Moses
biblischer Name; Herkunft ungeklärt.

Nepomuk
Name, der auf den heiligen Nepomuk (14. Jahrhundert) zurückgeht.

Nivard
fränkischer Heiligenname.

Odin
germanischer Gott.

Petrus
Beiname des Apostels Simon; griechisch: Fels.

Pirmin
Herkunft und Bedeutung sind ungeklärt.

Ronan
irisch: wie eine kleine Robbe.

Selman, Selmar
altsächsisch: Saalhaus und Mann bzw. althochdeutsch: berühmt (mar).

Söhnke
niederdeutsch-friesisch: Söhnchen.

Stanislaus
lateinische Form von Stanislaw; slawisch: standhaft.

Tassilo, Thassilo
alter deutscher Name; Verkleinerungsform von Tasso; italienische Form zu lateinisch taxus: Eibe.

Thaddäus
aus der Bibel übernommen; Herkunft und Bedeutung sind unklar.

Traugott
pietistische Neubildung des 17./18. Jahrhunderts.

Tristan
keltischer Ursprung; Bedeutung ist ungeklärt.

Trutz
oberdeutsch: Gegenwehr, Widerstand.

Ulysses
lateinische Form von Odysseus.

Velten
Entwicklung aus Valentin.

Viguleis
Gestalt aus der Artussage.

Wolfbert
Neubildung aus Namen mit Wolf- und -bert.

Zachäus
aramäisch: unschuldig.

Kurze Namen

Weibliche

Abby
englisch.

Abelke
friesische Kurzform von Adalberta u. a. Namen, die mit Adal- beginnen.

Ada, Adda, Addy
Kurzformen von Zusammensetzungen mit Adel-, wie z. B. Adelheid, Adelgunde.

Adalie
Kurzform zu Namen, die mit Adal- beginnen.

Adna
Herkunft und Bedeutung sind ungeklärt.

Afra
lateinisch.

Agda
schwedisch.

Agi
Kurzform von Agnes.

Agna
schwedisch.

Ailke
niederländische und friesische Form von Adelheid.

Aina
finnisch.

Alba
lateinisch.

Alda
Kurzform von Zusammensetzungen mit Adel-.

Aldina
Kurzform von Geraldina.

Alea
Kurzform von Eulalia.

Alesia
Kurzform von Adelheid.

Alexa, Alexia
Kurzform von Alexandra.

Alfa
Kurzform von Zusammensetzungen mit Alf-, wie z. B. Alfonsa.

Alisa
Nebenform von Alice.

Alix, Alja
Kurzformen von Alexandra.

Alke
Kurzform von Zusammensetzungen mit Adel-, wie z. B. Adelheid.

Alla
schwedisch.

Alma
spanisch.

Alva
lateinisch.

Ama
Kurzform von Zusammensetzungen mit Ama-, wie z. B. Amabella, Amalie.

Amke
friesisch-niederdeutsche Kurzform von Zusammensetzungen mit Ama-.

Amy
englisch.

Ana, Anja
Nebenformen von Anna.

Andra
Kurzform von Alexandra.

Anka
ungarisch.

Anke
niederdeutsche Koseform von Anna.

Ann
englisch.

Anna
hebräisch; *Verkleinerungsformen:* Annele, Anneli, Annette, Antje.

Anne
Nebenform von Anna.

Anni, Anny
Koseformen von Anna.

Ante
Kurzform von Zusammensetzungen mit Ant-, wie z. B. Antonia.

Arka
Kurzform von Zusammensetzungen mit Arn-, wie z. B. Arnfriede.

Asja
russisch.

Asta
Kurzform von Anastasia und Astrid.

Austina
Kurzform von Augustine

Ava
Herkunft und Bedeutung sind ungeklärt.

Avelina
fränkische Form Abelina.

Balda
Kurzform von Zusammensetzungen mit Balt-, wie z. B. Balthilde, Baltrun.

Barb
Kurzform von Barbara.

Bea
Kurzform von Beate und Beatrix.

Bekee
Kurzform von Elisabeth.

Bele
Kurzform von Elisabeth und Gabriele.

Benna
Kurzform von Benedikta.

Bente
dänische Kurzform von Benedikta.

Berna
Kurzform von Namen, die mit Bern- beginnen.

Berta, Bertha
Kurzform von Namen mit Bert-.

Bertina
Kurzform von Albertina.

Bess
englisch.

Bina, Bine
Kurzformen von Sabine.

Binka
Kurzform von Benigna.

Birga
Kurzform von Brigitte.

Blida
Kurzform von Blidhilde.

Bona
lateinisch.

Branka
slawische Kurzform von Branislaw.

Brenda
Kurzform von Hildebrand (auch Branda).

Brig
Kurzform von Brigitte.

Brit
Kurzform von Brigitte.

Burga
Kurzform von Namen wie Walburga.

Calla
schwedische Kurzform von Karoline.

Candy
englische Kurzform von Candida.

Cara
lateinisch.

Catina
Kurzform von Katharina; auch Catiana, Catia.

Celine
Kurzform von Marceline.

Centa
Kurzform von Vincenta.

Christel
weibliche Koseform von Christian.

Cindy
englische Kurzform von Cinderella.

Cita
italienisch.

Clio
griechisch.

Cora
Kurzform von Cordelia und Cordula; *Verkleinerungsform:* Coretta.

Cyra
weibliche Form zu Cyr(ill).

Dania
slawische Kurzform von Daniela.

Dany
französisch.

Deba
Kurzform von Deborah.

Deda, Deta
norddeutsche Kurzformen von Zusammensetzungen mit Diet-, wie z. B. Dietlinde.

Dela
Kurzform von Adele.

Detje
friesische Kurzform von Namen mit Diet-.

Dilia
Kurzform von Odilia.

Dina
hebräisch; auch Kurzform von Zusammensetzungen mit -dina und -tina, wie z. B. Christina und Bernhardine.

Dita
Nebenform von Dieta.

Dora
Kurzform von Dorothea oder Theodora; *Koseformen:* Dorel, Dorle; *Weiterbildung:* Dorina.

Doro
Kurzform von Dorothea.

Dory
englisch.

Ebba
Kurzform von Zusammensetzungen mit Eber-, wie z. B. Eberhilde.

Eda
schwedisch.

Edda
Kurzform von Zusammensetzungen mit Ed-, wie z. B. Edwine.

Edla
schwedisch.

Edna
hebräisch; Bedeutung ist ungeklärt.

Effi, Elfe, Elfi
Kurzformen von Elfriede.

Ehmi
weibliche Koseform von Ehm; *Nebenform:* Emi.

Eiba, Eibe
Kurzformen von Namen mit Eg-.

Eika, Eike
Kurzformen von Namen mit Eg-.

Eila
Kurzform von Elisabeth.

Eina
schwedisch.

Eke, Eka
niederdeutsche Kurzformen von Zusammensetzungen mit Eg- und Eck-, wie z. B. Egberta.

Ekke
Nebenform von Eka.

Ela, Ella
Kurzformen von Elisabeth; *Nebenformen:* Elli, Elsa, Else.

Elga
nordisch.

Elka, Elke
friesisch-niederdeutsche Kurzformen von Adelheid.

Elma
Kurzform von Wilhelmine.

Elna
dänisch.

Elsa
Kurzform von Elisabeth.

Elscha
Kurzform von Elisabeth.

Emke, Emma
niederdeutsche Kurzformen von Zusammensetzungen mit Erm-, wie z. B. Ermengard; *Koseform:* Emmi.

Ena
Kurzform von Helena.

Engla
Kurzform von Namen mit Engel-.

Erla, Erle
Kurzformen von Zusammensetzungen mit Erl-, wie z. B. Erlfriede.

Erma
Kurzform von Zusammensetzungen mit Erm-, wie z. B. Ermentraud.

Erna
Kurzform von Ernesta.

Erne
Nebenform von Erna.

Esta
Herkunft und Bedeutung sind ungeklärt.

Eta
Kurzform von Margareta.

Etta
Nebenform von Edda.

Eva
hebräisch.

Eve
englisch.

Fara
Kurzform von Faralda.

Fee
Kurzform von Felizitas.

Fei
Kurzform von Sophia.

Feli
Kurzform von Felizitas.

Feta
Kurzform von Felizitas.

Fina, Fine
niederdeutsche Kurzformen von Josefine.

Fita
niederdeutsche Kurzform von Friederike.

Franja
slawische Kurzform von Franziska.

Gabi, Gaby
Kurzformen von Gabriele.

Gea
griechisch.

Gela
Kurzform von Gertrud und Angela; *Koseform:* Geelke.

Geli
Kurzform von Angelika.

Gera
Kurzform von Zusammensetzungen mit Ger-, wie z. B. Gertraud.

Gesa, Gese
friesische Kurzformen von Gertrud; *Nebenform:* Gesche; *Weiterbildung:* Gesine.

Gila
Kurzform von Gisela.

Gina, Gine
Kurzformen von Zusammensetzungen mit -gina und -gine, wie z. B. Regine und Regina.

Gisa
Kurzform von Gisela.

Gita
Kurzform von Brigitte.

Goda
Kurzform von Zusammensetzungen mit Gode-, wie z. B. Godolewa und Godela.

Göta
schwedisch.

Grit
Kurzform von Margarete.

Guda
Kurzform von Zusammensetzungen mit Gud-, wie z. B. Gudrun; *Weiterbildung:* Gudula.

Gun
norddeutsche Kurzform von Zusammensetzungen mit Gun-, wie z. B. Gunhild; *Nebenform:* Gunn.

Gwen
Kurzform von Gwendolyn.

Heda
nordisch.

Hede
Koseform von Hedwig; *Nebenformen:* Hedi, Heta, Hete.

Heina
weibliche Kurzform von Heinrich.

Hela, Hele
Nebenformen von Hella.

Helma
Kurzform von Namen mit Helm- und -helma.

Hera
griechisch; Bedeutung ist ungeklärt.

Ida
Kurzform von Zusammensetzungen mit Ida- und Idu-, wie z. B. Idaberga.

Iken
niederländische Kurzform von Ida.

Ilga
Herkunft und Bedeutung sind unklar.

Ilka
ungarisch.

Ilsa, Ilse
Kurzformen von Elisabeth; *Nebenform:* Ilske.

Imke
friesische Kurzform von Zusammensetzungen mit Irm-, wie z. B. Irmgard.

Imma, Imme
Kurzformen von Zusammensetzungen mit Irm-, wie z. B. Irmgard.

Ina
Kurzform von Zusammensetzungen mit -ina und -ine, wie z. B. Katharina und Karoline.

Ines
spanisch.

Inga
nordisch.

Inge
Kurzform von Ingeborg; *Nebenform:* Ingrun.

Inka
Nebenform von Inken (friesische Kurzform von Zusammensetzungen mit Inge-).

Insa, Inse
friesische Kurzformen von Namen, die mit Ing- gebildet sind.

Ira
Kurzform von Irene und Irina.

Iris
griechisch.

Irma
Kurzform von Zusammensetzungen mit Irm-, wie z. B. Irmtraud; *Koseform:* Irmela.

Isa
Kurzform von Isabella, Isolde und Luise.

Iska
friesische Kurzform von Namen, die mit Is-, wie z. B. Isolde, beginnen.

Ita
Nebenform von Ida.

Jana
weibliche Form zu Jan.

Jane
englisch.

Jo
Kurzform von Zusammensetzungen mit Jo-, wie z. B. Johanna.

Joan
englisch.

Joke
friesische Kurzform von Johanna.

Jula, Jule
Kurzformen von Julia.

Kai
Herkunft und Bedeutung sind unklar.

Kaja
friesische Kurzform von Katharina.

Klea
Kurzform von Namen mit Kleo-.

Kora
griechisch; *Nebenformen:* Kore, Cora.

Kordia
Kurzform von Konkordia.

Kyra, Kira
weibliche Form zu Kyros; *Erweiterung:* Kyrilla.

Lada
Kurzform von Ladislawa.

Lale
schwedische Kurzform von Laura.

Lana
slawische Kurzform von Namen mit -lana.

Lara
russisch.

Lea
hebräisch; Bedeutung ist nicht geklärt.

Leda
griechisch.

Lee
Kurzform von Eleonore.

Lena, Lene
Kurzformen von Helene.

Lenza
Kurzform von Laurentia.

Lexa
Kurzform von Alexandra.

Lia
Kurzform von Julia.

Lida
Kurzform von Ludmilla.

Lil, Lill
Kurzformen von Elisabeth oder Lilian.

Lilo
Kurzform von Lieselotte.

Lina, Line
Kurzformen von Zusammensetzungen mit -lina, wie z. B. Karolina.

Lisa
von Liesa; Kurzform von Elisabeth.

Liska
schwedische Nebenform von Elisabeth.

Liz
englisch.

Loisa
Kurzform von Aloisa.

Lola
Kurzform von Dolores.

Lona, Lone
Kurzformen von Leona; *Weiterbildung:* Loana.

Loni
Kurzform von Leonie (Nebenform von Leona) und Appolonia.

Lora, Lore
Kurzformen von Eleonore; *Weiterbildungen:* Loretta, Loritta.

Lou
Kurzform von Louise (Luise).

Madlen, Madlene
Kurzform von Magdalena.

Magali
Kurzform von Magelone.

Malena, Malene
Kurzform von Magdalena.

Maie, Maj
friesische Kurzformen von Maria.

Maja, Maya
Kurzformen von Maria oder Margit.

Male
Kurzform von Amalie und Malwine; Herkunft und Bedeutung sind ungeklärt.

Mandy
englisch.

Mara
hebräisch.

Mary
englisch.

Marzia
weibliche Kurzform von Martianus.

Mattea
weibliche Kurzform von Matthäus.

Maud
englisch.

Maxi
Kurzform von Maximiliane.

May
englisch.

Mela
Kurzform von Melitta.

Meli
Kurzform von Melanie.

Mia
Kurzform von Maria.

Mila
slawisch.

Mile, Mili
Kurzformen von Emilie.

Milly
englisch.

Mina, Mine
Kurzformen von Zusammensetzungen mit -mina und -mine, wie z. B. Hermine; *Weiterbildung:* Minette.

Mirl
oberdeutsche Kurzform von Maria.

Moll
englisch.

Mona
englisch.

Moni
Kurzform von Monika.

Monja
russisch.

Nada
Kurzform von Nadjeschda.

Naja
nordisch.

Nana
französisch.

Nela
friesische Kurzform von Cornelia.

Nele
familiäre Kurzform von Helene oder Eleonore.

Nina
Kurzformen von Namen, die auf -nina enden, wie z. B. Annina (Weiterbildung von Anna).

Nora
Kurzform von Eleonora (Eleonore).

Oda
Kurzform von Zusammensetzungen mit Ot-, wie z. B. Othilf; *Verkleinerungsform:* Odilie; *Weiterbildung:* Odine.

Olga
russisch.

Olli, Olly
familiäre Kurzformen von Olga.

Otti
Kurzform von Ottilie.

Pia
weibliche Form zu Pius.

Pina, Pine
Kurzformen von Philippine.

Reinke
ostfriesische Kurzform von Reinharda.

Rena
Kurzform von Renate und Verena.

Reni
Kurzform von Renate, Verena und Irene.

Resi
Kurzform von Therese.

Rhea
Name einer mythologischen Gestalt.

Ria
Kurzform von Maria.

Rica
Kurzform von Ricarda.

Rike
Kurzform von Zusammensetzungen mit -rike, wie z. B. Frederike, Henrike, Ulrike.

Rina
Kurzform von Namen, die mit -rina gebildet sind, wie z. B. Katerina (Nebenform von Katharina).

Rita
italienisch.

Romi, Romy
Koseformen von Rosemarie.

Ronja
Kurzform von Veronika.

Rosa
lateinisch.

Rose, Rosi
Nebenformen von Rosa.

Runa
Kurzform von Namen, die mit Run- oder mit -run gebildet sind, wie z. B. Runhild, Sigrun.

Ruth
hebräisch.

Sara, Sarah
hebräisch.

Sina
Kurzform von Rosina (Weiterbildung von Rosa).

Siri
Kurzform von Sigrid.

Siw
nordisch.

Sonja
russisch.

Suse
Kurzform von Susanne; *Nebenformen:* Susi, Susy.

Syra
Herkunft und Bedeutung sind ungeklart.

Tess
englisch.

Thea
Kurzform von Dorothea, Theodora oder Theresa(e).

Tina
Kurzform von Namen, die auf -tina enden, wie z. B. Christina (Nebenform von Christiane).

Tine
Nebenform von Tina.

Tizia
Kurzform von Laetitia.

Toni, Tony
Kurzformen von Antonia; *Weiterbildung:* Tonia.

Tosja
russische Kurzform von Antonina.

Trix
Kurzform von Beatrix; *Nebenformen:* Trixa, Trixi.

Uda
Nebenform von Oda.

Uli, Ulli
Kurzformen von Zusammensetzungen mit Ul-, wie z. B. Ulrike.

Ulla
Kurzform von Ursula oder Ulrike.

Una
Herkunft und Bedeutung sind unklar.

Urte
Herkunft und Bedeutung sind unklar.

Ute, Uta
hochdeutsche Formen von Oda.

Utta
Nebenform von Ute und Uta.

Vana
italienische Kurzform von Giovanna.

Vera
slawisch.

Vicki
Kurzform von Viktoria.

Vita
Kurzform von Viktoria.

Walda
Kurzform von Namen mit Wald-.

Weda
friesischer Name; Herkunft und Bedeutung sind unbekannt; *Nebenform:* Wedis.

Wendy
Kurzform von Wendelburg und Wendelgard.

Wera
Nebenform von Vera.

Yola
Kurzform von Yolanthe.

Zita
Kurzform von Felizitas.

Zoe
griechisch.

Zora
Ableitung von Aurora.

Männliche

Abel
hebräisch.

Abi
Kurzform von Abraham.

Abo, Abbo
Kurzformen von Namen, die mit Adal- gebildet sind, wie z. B. Adalbert.

Adam
hebräisch.

Addi
Kurzform von Zusammensetzungen mit Adal- und Adel- und Kurzform von Adolf; *Nebenformen:* Addo, Ado, Aldo, Azzo.

Age, Ago
Kurzformen von Zusammensetzungen mit Age- und Agi(l)-, wie z. B. Agimar.

Ägid
Kurzform von Ägidius.

Agin
Kurzform von Zusammensetzungen mit Agin-, wie z. B. Aginald.

Aimé
französisch.

Aimo
finnisch.

Ake
Kurzform von Zusammensetzungen mit Ag-, wie z. B. Agemar.

Akim
Kurzform von Joakim (Nebenform von Joachim).

Alan
englisch.

Albo
Kurzform von Zusammensetzungen mit Alb-, wie z. B. Albert.

Aldo
italienisch.

Alec
englisch.

Alex
Kurzform von Alexander.

Alf
Kurzform von Alfred und Adolf.

Allo
Kurzform von Zusammensetzungen mit Al-, wie z. B. Alfons.

Alto
Nebenform von Aldo.

Amon
amerikanisch-englisch.

Amos
hebräisch.

Andi
Kurzform von Andreas.

Andy
englisch.

Anjo
ungarisch.

Anno
Kurzform von Arnold.

Ante
schwedisch.

Anzo
Kurzform von Anselm.

Arbo
Kurzform von Arbogast.

Ari, Ary
Kurzformen von Arian und Aribert; *Nebenform:* Arie.

Arik
Kurzform russischer Vornamen.

Arke, Arko
Kurzformen von Zusammensetzungen mit Arn-, vielleicht auch Kurzformen von Adrian.

Arnd
Kurzform von Arnold.

Arne, Arno
Kurzformen von Zusammensetzungen mit Arn-, wie z. B. Arnold.

Aron
Nebenform von Aaron.

Axel
schwedisch.

Aye, Ayko
Kurzformen von Zusammensetzungen mit Agi- oder Adel-, wie z. B. Agilhard.

Beat
lateinisch.

Beda
angelsächsisch.

Béla
ungarisch.

Ben
englisch.

Bent
dänisch.

Benz
Kurzform von Benedikt und Kurzform von Zusammensetzungen mit Bern-, wie z. B. Bernhard.

Bero
Kurzform von Zusammensetzungen mit Ber(n)-, wie z. B. Bernhard.

Bert, Bertin, Berto
Kurzform von Zusammensetzungen mit Bert- und -bert, wie z. B. Berthold und Albert.

Bill
englisch.

Birk, Burg
Kurzformen von Burckhard; *Nebenform:* Bürk.

Bo
dänisch und schwedisch.

Bob
englisch.

Bodo, Boto
Kurzformen von Zusammensetzungen mit Bode- und Bodo-, wie z. B. Bodomar; *Nebenform:* Botho.

Boi(e), Boj(e)
friesischer Name zu Bodo.

Bolo
Kurzform von Boleslaw.

Bork
niederdeutsche Kurzform von Burckhard.

Bror
Nebenform von Broder.

Brun
Kurzform von Bruno.

Burk
Kurzform von Burckhard.

Burt
Kurzform von Burton, Nebenform von Bert.

Caj
Nebenform von Kai.

Carry
englisch.

Che
spanisch.

Clint
amerikanisch.

Curd
Nebenform von Kurt.

Dag
schwedisch.

Dale
englisch.

Dan, Dany
englisch.

Däni, Dani
schwedisch.

Dano
bulgarisch.

Dave
englisch.

Delf
Kurzform von Detlef (niederdeutsch).

Deno
Kurzform von Degenhard.

Derek, Derik, Derk, Dirk
niederdeutsche Kurzformen von Diederik/Dietrich.

Dick
englisch.

Didi
Kurzform von Dietrich.

Dimo
Nebenform von Diemo.

Dino
italienisch.

Dolf
Kurzform von Adolf; *Weiterbildung:* Dolfes.

Don
Kurzform von Donald.

Dyke
friesische Kurzform von Zusammensetzungen mit Diet-, wie z. B. Dietbert.

Ebbo, Eppo
Kurzformen von Eberhard.

Eber
Kurzform von Namen, die mit Eber- gebildet sind, wie z. B. Eberhard.

Ed
englisch.

Ede
Kurzform von Eduard.

Egid
Nebenform von Ägidius.

Egil
nordisch.

Egon
Nebenform von Egino.

Ehm
niederdeutsche Kurzform von Zusammensetzungen mit Egin- und Ein-, wie z. B. Eginbert.

Eibe, Eibo
friesische Kurzformen von Zusammensetzungen mit Eg-.

Eike
niederdeutsche Kurzform von Zusammensetzungen mit Eg(in)- und Eck-, wie z. B. Eckhard.

Eiko
Nebenform von Eike.

Elko
niederdeutsche Kurzform von Zusammensetzungen mit Adal-, wie z. B. Adalbert.

Elmo
italienisch.

Emil
lateinisch.

Emmo
Kurzform von Emmerich und Kurzform von Zusammensetzungen mit Erm-, wie z. B. Ermenfried.

Enno
friesische Kurzform von Namen, die mit Egin- und Ein- gebildet sind, wie z. B. Eginald und Einhard.

Erik
nordisch.

Erko
Kurzform von Namen mit Erken-.

Ermo
italienisch; Kurzform von Ermanno (Hermann).

Etzel
Kurzform von Namen mit Adal-.

Erno
italienisch.

Ezzo
italienisch.

Falk
Nebenform von Falko.

Finn, Fynn
nordisch.

Fred
Kurzform von Zusammensetzungen mit -fred oder Fried-, wie z. B. Alfred oder Friedbert.

Gard
friesische Nebenform von Gerd.

Gast
Kurzform von Zusammensetzungen mit Gast- und -gast, wie z. B. Arbogast und Gasthold.

Geo
Kurzform von Georg.

Gerd, Gert
Kurzformen von Gerhard.

Gero
Kurzform von Zusammensetzungen mit Ger-, wie z. B. Gerhard.

Géza
ungarisch.

Gian
italienisch-schweizerisch.

Gil
Kurzform von Gilbert oder Ägidius.

Gildo
Kurzform von Namen mit Gild-.

Gile, Gils
Kurzformen von Ägidius.

Gion
schweizerische Nebenform von Johann.

Giso
Kurzform von Zusammensetzungen mit Gis(el)-, wie z. B. Gieselmar.

Godo
Kurzform von Zusammensetzungen mit Gode-, wie z. B. Godehard.

Golo
Kurzform von Zusammensetzungen mit Gode- und Gott-, wie z. B. Gotthard.

Gorm
dänisch.

Götz
Kurzform von Zusammensetzungen mit Gott-, wie z. B. Gottfried.

Guy
französisch.

Haie, Haye
friesische Kurzformen von Zusammensetzungen mit Hag-; *Nebenformen:* Haio, Heio.

Hajo
Zusammensetzungen aus Hans und Joachim oder Josef.

Hans
Kurzform von Johannes.

Hard
Kurzform von Namen, die mit Hart- oder -hard gebildet sind, wie z. B. Hartmut oder Gerhard.

Hark, Harko
friesische Kurzform von Namen mit Har- und Her-.

Harm
friesische Kurzform von Harmen (friesische Form von Hermann).

Haro
Nebenform von Harro.

Harris
friesische Kurzform von Hermann.

Haug
friesische Kurzform von Hugo und von Namen, die mit Hug- gebildet sind, wie z. B. Hugbert.

Heiko
friesische Kurzform von Heinrich.

Heintie
niederdeutsche Kurzform von Heinrich;
Nebenform: Heinkje.

Henk
niederdeutsche Form von Hendrik.

Hias
Kurzform von Matthias.

Hinz
Kurzform von Hinrich und Hinrik.

Hiob
hebräisch.

Hugo
Kurzform von Zusammensetzungen mit Hug-, wie z. B. Hugbald.

Ibo
friesische Kurzform; Herkunft ist unklar.

Igor
russisch.

Ilja
russisch.

Imre
ungarisch.

Ingo
Kurzform von Zusammensetzungen mit Ingo-, wie z. B. Ingobert und Ingomar.

Inko
Kurzform von Zusammensetzungen mit Inge- und Ingo-.

Iso
Kurzform von Zusammensetzungen mit Is(en)-, wie z. B. Isbert und Isfried.

Ivan
Nebenform von Iwan.

Ivar
Nebenform von Ingwar.

Ivo, Iwo
althochdeutsch.

Iwan
russisch.

Jack
englisch.

Jago
spanisch.

Jan
friesische und niederländische Form zu Johannes.

Jano
slawisch und ungarisch.

Jaro
Kurzform von Jaromir und Jaroslaw.

Jens
Kurzform von Johannes.

Jim
englisch.

Jo
Kurzform von Zusammensetzungen mit Jo-, wie z. B. Johannes.

Job
Nebenform von Hiob.

Joe
englisch.

John
englisch.

Jörg, Jorg
Kurzformen von Georg.

Jörn
niederdeutsche Nebenform von Jürgen.

José
spanisch.

Jost
altfranzösisch.

Juan
spanisch.

Juri
slawisch.

Jürn
Kurzform von Jürgen.

Just
Kurzform von Justus.

Kai, Kaie
Herkunft und Bedeutung sind unklar.

Kai
dänisch.

Karl
althochdeutsch; *Nebenform:* Carl.

Kay
Nebenform von Kai.

Kim
Nebenform von Kai.

Knud, Knut
nordisch.

Kord, Kort
niederdeutsche Kurzformen zu Konrad.

Kuno
Kurzform von Konrad und Kurzform von Zusammensetzungen mit Kuni-, wie z. B. Kunibert.

Kurt
Kurzform von Konrad; *Nebenformen:* Curd, Curt.

Lars
schwedisch.

Leif
nordisch.

Len
englisch.

Lenz
Kurzform von Laurentius.

Leo
lateinische Kurzform von Leonhard und Leopold.

Leon
Kurzform von Leonhard.

Lew
russisch.

Lex
Kurzform von Alexander.

Lion
englisch: Löwe; *Nebenform:* Lionel.

Lois
Kurzform von Alois.

Lou
Kurzform von Louis (Ludwig).

Luc
französisch.

Luis
spanisch.

Luke
englisch.

Lüke
niederdeutsch-friesische Kurzform von Zusammensetzungen mit Luit-, wie z. B. Luitpold.

Lutz
Kurzform von Ludwig.

Mac
schottisch.

Maik
deutsche Schreibweise für Mike.

Mano
ungarische Kurzform von Emanuel.

Marc
französisch.

Mark
Kurzform von Markus.

Mat
englisch.

Matti
estnisch.

Max
Kurzform von Maximilian.

Melk
Nebenform von Melchior.

Mike
englisch.

Nat
englisch.

Neel
Kurzform von Cornelius.

Nick
englisch.

Nico
italienisch.

Niki, Niko
Kurzformen von Nikolaus.

Nils
schwedisch.

Nis
Kurzform von Dionys.

Nisse
schwedisch.

Noah
hebräisch.

Odo
Kurzform von Namen, die mit Ot- gebildet sind, wie z. B. Otfried; *Verkleinerungsformen:* Otmari, Odilo.

Olaf
nordisch.

Olav
norwegisch.

Ole
Kurzform von Zusammensetzungen mit Ul-, wie z. B. Ulrich.

Olf
Kurzform von Namen, die auf -olf ausgehen, wie z. B. Gerolf und Kurzform von Wolf.

Olof
schwedisch.

Oluf
dänisch.

Omko, Ommo
friesische Kurzformen von Otmar.

Onno
friesisch; Bedeutung ist unklar.

Ossi, Ossy
Kurzformen von Zusammensetzungen mit Os-, wie z. B. Oswald und Oskar.

Otto
Kurzform von Zusammensetzungen mit Ot-, wie z. B. Otmar und Otfried; *Koseform:* Ossel.

Owe
friesische Nebenform von Uwe.

Pal
ungarisch.

Pär
schwedisch.

Pat
englisch.

Paul
lateinisch.

Peer, Peet
nordisch.

Pepe
spanisch.

Per
nordisch.

Phil
englisch.

Piet
niederdeutsch-niederländische Form von Peter.

Pius
lateinisch.

Poul
dänisch.

Quint
Kurzform von Quintius.

Ralf
Kurzform von Radulf.

Rato
Kurzform von Zusammensetzungen mit Rat-, wie z. B. Rathold.

Raúl
spanisch.

Ray
englisch.

Remo
italienisch.

René
französisch.

Reno
Kurzform von Renato.

Rex
englisch.

Rick
englisch.

Rik
niederländische Kurzform von Hendrik (Heinrich).

Rob
englisch.

Rolf
Kurzform von Rudolf.

Ron
englisch.

Roy
irisch.

Rudi
Kurzform von Rudolf.

Rul
Kurzform von Rudolf.

Sam
englisch.

Sean
irisch.

Sepp
Kurzform von Joseph.

Sibo, Siebo
friesische Kurzformen von Siegbald oder Siegbert.

Siggo, Sigo
Kurzformen von Zusammensetzungen mit Sieg- und Sig-, wie z. B. Sieghard und Sigmund; *Nebenform:* Sikko.

Sigi
Kurzform von Siegfried.

Sten
nordisch: Stein.

Steve
englisch.

Stig
dänisch.

Sven, Swen
nordisch.

Tage
nordisch.

Täve
Kurzform von Gustav.

Ted
englisch.

Teut
Kurzform von Namen, die mit Theud- gebildet sind.

Teo, Theo
Kurzformen von Zusammensetzungen mit Theo-, wie z. B. Theobald und Theodor.

Thilo, Tilo
Kurzformen von Zusammensetzungen mit Diet-.

Till
Kurzform von Zusammensetzungen mit Diet-, wie z. B. Dietrich; *Verkleinerungsform:* Tillmann.

Tim, Timm
Kurzformen von Timotheus oder Thiemo.

Timmo, Timo
Nebenformen von Tiemo und Kurzform von Timotheus.

Tino
Kurzform von romanischen Namen, die auf -tino enden, wie z. B. Valentino.

Toby
englisch.

Tom
englisch.

Toni
Kurzform von Anton.

Tord
nordisch.

Tore, Ture
schwedisch.

Ubbo
friesische Kurzform von Udalbert.

Udo, Uto
Nebenformen von Odo.

Uffo
friesische Kurzform von Ulfried.

Ugo
italienisch.

Ulf
nordisch.

Uli, Ulli
Kurzformen von Zusammensetzungen mit Ul-, wie z. B. Ulrich.

Unno
friesische Nebenform von Onno.

Urs
lateinisch.

Uto
Nebenform von Udo.

Utz, Uz
Kurzformen von Zusammensetzungen mit Ul-, wie z. B. Ulrich.

Uwe
friesische Kurzform von Zusammensetzungen mit Udal- oder Ul-, wie z. B. Ulfried und Udalbert.

Veit
zu lateinisch Vitus; Bedeutung ist nicht geklärt.

Walt
englisch.

Weert, Wert
friesische Formen von Wichard.

Welf
althochdeutsch.

Wido, Wito
Kurzformen von Zusammensetzungen mit Wid- und Wit-, wie z. B. Widukind und Witold; *Nebenform:* Guido.

Wilbur
nordamerikanischer Name niederländischen Ursprungs.

Will, Willi
Kurzformen von Zusammensetzungen mit Wil- oder Willi-, wie z. B. Wilhelm.

Wilm
Kurzform von Wilhelm.

Wim
Kurzform von Wilhelm.

Wolf
Kurzform von Zusammensetzungen mit Wolf-, wie z. B. Wolfgang.

Wulf
Nebenform von Wolf.

Yves
französisch.

Yvon
französisch.

Zeno
griechische Kurzform von Zusammensetzungen mit Zeno-, wie z. B. Zenodoto und Zenobio.

Zens
Kurzform von Vinzenz.

Doppelnamen

Weibliche

Annabarbara
Doppelname aus Anna und Barbara.

Annabella, Annabelle
Doppelnamen aus Anna und Bella.

Annabeth
Doppelname aus Anna und Elisabeth.

Annalena, Annalene
Doppelnamen aus Anna und Lena.

Annalisa
Doppelname aus Anna und Lisa.

Annamaria
Doppelname aus Anna und Maria.

Annamira
Doppelname aus Anna und Mira.

Annbritt
Doppelname aus Ann und Britt.

Annebärbel
Doppelname aus Anna und Barbara.

Annedore
Doppelname aus Anna und Dorothea bzw. Dora.

Annegard
Doppelname aus Anna und Irmgard.

Annegret
Doppelname aus Anna und Margarete bzw. Grete.

Anneheide
Doppelname aus Anna und Adelheid.

Annekatrin
Doppelname aus Anna und Katharina; *Nebenform:* Ann-Kathrin.

Anneliese
Doppelname aus Anna und Elisabeth oder Luise.

Annelore
Doppelname aus Anna und Eleonore.

Annelotte
Doppelname aus Anna und Charlotte.

Anneluise
Doppelname aus Anne und Luise.

Annemargret
Doppelname aus Anna und Margret.

Annemarie
Doppelname aus Anna und Maria; *süddt. Kurzform:* Amrei; *Nebenformen:* Annemarei, Annemie.

Annerose
Doppelname aus Anna und Rosa.

Bettemie
Doppelname aus Elisabeth und Marie.

Burgit
Doppelname aus Burga und Margit.

Christamaria
Doppelname aus Christa und Maria.

Dolitta
Doppelname aus Dorothea und Lolita.

Evamaria, Evamarie
Doppelnamen aus Eva und Maria.

Evelinda
Doppelname aus Eva und Linda.

Everose
Doppelname aus Eva und Rosa.

Gerlis
Doppelname aus Namen mit Ger- und Lise.

Gundalena
Doppelname aus Gunda und Lena.

Hannedore
Doppelname aus Hanna (Johanna) und Dora (Dorothea).

Hannegret
Doppelname aus Hanna (Johanna) und Grete (Margarete).

Hanneliese
Doppelname aus Hanna (Johanna) und Luise (Elisabeth).

Hannelore
Doppelname aus Hanna (Johanna) und Lore (Eleonore).

Hannarose, Hannerose
Doppelnamen aus Hanna (Johanna) und Rosa.

Heidelinde
Doppelname aus Heide und Linda.

Heidelore
Doppelname aus Heide und Lore.

Heidemaria, Heidemarie
Doppelnamen aus Heide und Maria.

Heiderose
Doppelname aus Heide und Rosa.

Ilsedore
Doppelname aus Ilse und Dorothea bzw. Dora.

Ilsegret
Doppelname aus Ilse und Margarete bzw. Grete.

Ilselore
Doppelname aus Ilse und Lore.

Ilsemaria, Ilsemarie
Doppelnamen aus Ilse und Maria.

Ilsetraud, Ilsetraude
Doppelnamen aus Ilse und (Ger)traude.

Ingalisa
schwedischer Doppelname aus Inga und Lisa.

Ingelore
Doppelname aus Inge und Lore.

Ingemarie
Doppelname aus Inge und Maria.

Ingerose
Doppelname aus Inge und Rosa.

Ingetraud, Ingetrud
Doppelnamen aus Inge und Traude.

Karianne
Doppelname aus Katharina und Johanna.

Lenelies
Doppelname aus Lene und Luise (Elisabeth).

Lenelore
Doppelname aus Lene und Lore (Eleonore).

Lenelotte
Doppelname aus Elisabeth und Charlotte.

Lisanne
Doppelname aus Elisabeth (Lisa) und Anna.

Loremarie
Doppelname aus Eleonore (Lore) und Maria.

Mai-Britt, Maj-Britt
skandinavische Doppelnamen, vermutlich aus Maja und Britta.

Marianne
Doppelname aus Maria und Anna.

Marielene
Doppelname aus Marie und Lene.

Marielies, Marielis
Doppelnamen aus Maria und Elisabeth und Luise.

Marieluise
Doppelname aus Maria und Luise.

Marierose
Doppelname aus Maria und Rosa.

Marisa
italienischer Doppelname.

Marlene
Doppelname aus Maria und Magdalena.

Marlies, Marlis
Doppelnamen aus Maria und Elisabeth oder Luise.

Marlitt
Doppelname aus Marlene und Melitta.

Marylon
englischer Doppelname aus Mary und Louise.

Rosanna
Doppelname aus Rosa und Anna.

Rosemaria, Rosemarie
Doppelnamen aus Rosa und Maria; *Nebenform:* Rosamaria.

Theamaria
Doppelname aus Thea und Maria.

Thedamaria
Doppelname aus Theda und Maria.

Veramaria
Doppelname aus Vera und Maria.

Männliche

Christmar
Doppelname aus Christian und Namen mit -mar.

Hanfried
Doppelname aus Johannes und Friedrich.

Hanjo
Doppelname aus Hans und Jochen.

Hansbernd
Doppelname aus Hans und Bernd (Bernhard).

Hansjoachim
Doppelname aus Hans und Joachim; *Kurzform:* Hanjo.

Hansjörg
Doppelname aus Hans und Jörg (Georg).

Hansjürgen
Doppelname aus Hans und Jürgen.

Hansdieter
Doppelname aus Hans und Dieter (Dietrich).

Hansgeorg
Doppelname aus Hans und Georg.

Hansgerd
Doppelname aus Hans und Gerd (Gerhard).

Hanspeter
Doppelname aus Hans und Peter.

Hanswilli
Doppelname aus Hans und Willi (Wilhelm).

Heinzjakob
Doppelname aus Heinz und Jakob.

Heinzpeter
Doppelname aus Heinz und Peter.

Hugodietrich
Doppelname aus Hugo und Dietrich.

Janfried
Doppelname aus Jan und Namen mit -fried.

Jörnjakob
Doppelname aus Jörn und Jakob.

Karlheinz
Doppelname aus Karl und Heinz.

Karlludwig
Doppelname aus Karl und Ludwig.

Klausdieter
Doppelname aus Klaus und Dieter (Dietrich).

Ottheinrich
Doppelname aus Otto und Heinrich.

Otthermann
Doppelname aus Otto und Hermann.

Philhard
Doppelname aus Philipp und Gerhard.

Wolfdieter, Wolfdietrich
Doppelnamen aus Wolf und Dieter oder Dietrich.

Register

weibliche Namen

Männliche

Econ & List

Lia Matera
Dunkle Gesänge
Thriller
376 Seiten
TB 27327-2
Deutsche Erstausgabe

Der Mythologe Arthur Kenna, ein alter Freund von Anwältin Willa Jansson, wird des Mordes an seinem Assistenten verdächtigt. Von Arthurs Unschuld überzeugt macht sich Willa auf die Suche nach dem wahren Täter und gerät in ein gefährliches Abenteuer mit einem geheimnisvollen Schamanen.

Lia Matera
Mörderische Kanzlei
Thriller
240 Seiten
TB 27315-9
Deutsche Erstausgabe

Ihr neuer Job in einer renommierten Kanzlei hat es wirklich in sich. Nicht nur, daß kurz nach Willa Janssons Einstellung zwei Kollegen vergiftet werden, sie steht plötzlich sogar unter Mordverdacht. Als Willa dann auch noch Opfer eines Anschlags wird, nimmt sie den Fall selbst in die Hand.

Econ & List

Berndt Schulz

Mr. Bean und der Unsinn des Lebens

176 Seiten, mit zahlreichen Abbildungen

TB 26472-9

Originalausgabe

Er ist konservativ, unverschämt, peinlich und hat keine Manieren, und doch wird er von jedermann geliebt: Rowan Atkinson, besser bekannt als der unschlagbare Mr. Bean. Mit seiner einzigartigen Komik und seinem unvergleichlichen Charme hat das Knautschgesicht bereits Millionen von Zuschauern zu Tränen gerührt – vor Lachen natürlich. Wer kennt ihn nicht, den passionierten Mini-Fahrer mit dem untrüglichen Instinkt für Fettnäpfchen?
Berndt Schulz erzählt die Geschichte des wahren Mr. Bean, alles über seine Stärken und natürlich seine Schwächen, die schönsten Sketche und was man sonst noch über den Kult-Kauz und liebsten Trottel der Deutschen wissen sollte. Außerdem viele urkomische Fotos mit dem unvergleichlichen Bean-Gesicht.

001

Econ & List

Robert Islinger
Einkaufen ohne Geld
152 Seiten
TB 21392-X
Originalausgabe

»Bei uns wird nicht bezahlt, sondern getauscht.« Tauschen ist der neue Hit für alle, die kein Geld ausgeben wollen, sondern lieber mit eigener Leistung zahlen: »Biete Bügeln gegen Autoreparatur.« Lukrativ und gerecht wird das System durch Tauschringe. In Deutschland gibt es bereits über 200 davon, und auch in Österreich und der Schweiz werden es täglich mehr. Das Prinzip ist einfach: Die Mitglieder bieten ihre Leistung an, für die ein Wert in einer eigenen Währung festgesetzt wird. Blüten, Peanuts, Tiden und Talente – das sind die neuen »Münzen«, mit denen man eine Gegenleistung kaufen kann. Ideal in Zeiten knapper Kassen.

Der Journalist Robert Islinger erklärt das System, zeigt, wie man es richtig nutzt, wo man Informationen bekommt und wie man selbst einen Tauschring aufbaut.